I0435401

# L'état des partis en Angleterre et les deux dernières sessions du parlement

1845

PROSPER DUVERGIER DE HAURANNE

# TABLE DES MATIÈRES

# L'ÉTAT DES PARTIS EN ANGLETERRE ET LES DEUX DERNIÈRES SESSIONS DU PARLEMENT

Voici bientôt deux ans que dans cette Revue même je cherchais à apprécier l'état réel des partis en Angleterre et la situation parlementaire de sir Robert Peel [1]. A cette époque, l'autorité de cet homme d'état semblait sérieusement menacée par l'agitation irlandaise d'une part, et de l'autre par les divisions qui se manifestaient au sein de son propre parti. De ses adversaires ; de ses rivaux, aucun n'osait encore lui disputer la première place ; mais son étoile pâlissait visiblement, et sa fortune paraissait sur son déclin. Sans méconnaître la gravité de certains symptômes, sans nier les difficultés qui attendaient le cabinet tory, j'essayai d'établir alors que sir Robert Peel était encore l'homme indispensable, et que sa chute n'avait rien de prochain.

Aujourd'hui l'Irlande n'est guère moins agitée qu'en 1843, et ce qui était insubordination dans le parti tory est devenu révolté ouverte. Néanmoins, assailli par tous les partis et par la presse presque entière, injurié, outragé par ceux qui l'ont porté au pouvoir aussi bien que par ceux qu'il en a renversés, suspect à l'aristocratie, qui le maintient en le maudissant, comme à la démocratie, qui l'attaque en se servant de lui, sir Robert Peel est d'un aveu commun dans une des plus grandes situations où ministre se soit jamais trouvé. Cette situation est-elle aussi honorable qu'élevée, aussi sûre que forte ? c'est ce que je me propose d'examiner. Il est impossible, en attendant, de nier que sir Robert Peel n'ait, pour le moment du moins, vaincu toutes les résistances et surmonté tous les obstacles ; il est impossible de nier que la rébellion de ses amis comme les attaques de ses adversaires n'aient servi à rendre son triomphe plus éclatant et plus complet.

Pour ceux qui aiment le gouvernement, représentatif et qui se plaisent à en étudier les ressorts, il y a là un phénomène curieux et qui mérite d'être soigneusement observé. Sans doute, sir Robert Peel est un homme d'une valeur considérable et un chef parlementaire fort habile. Ce n'est pourtant pas un de ces hommes de génie qui entraînent tout après eux, et qui changent en quelque sorte le cours des lois naturelles. S'il a réussi, il faut que, dans les élémens qu'il avait sous la main, dans les circonstances qui l'entouraient, il ait trouvé un secours inespéré ; il faut que la force des choses soit venue à son aide. Quoi qu'il en soit, un récit impartial de la lutte et des évènemens qui depuis deux ans, depuis un an surtout, ont si vivement agité l'Angleterre, ne saurait être sans intérêt. On verra ensuite quelles conséquences, quels enseignemens il convient d'en tirer, et s'il n'y a pas là des leçons pour tout le monde.

## I.

Au mois de janvier 1844, quand le parlement était à la veille de s'ouvrir, c'est surtout vers le procès d'O'Connell que se dirigeaient tous les regards, que se portait toute l'attention des trois royaumes. Intenté par le gouvernement après de longues hésitations, ce procès en effet devait décider une grande question, celle de savoir si en Irlande l'agitation était plus forte que les lois, et si, comme il s'en était vanté si souvent, le grand agitateur était invulnérable. Aussi de efforts considérables avaient-ils été faits d'une part pour que le procès avortât dès son origine, de L'autre pour qu'il arrivât à bonne fin. A cette époque, les ressources évasives de la défense paraissaient épuisées et le débat au fond allait s'engager devant un jury spécial, formé sur des listes incomplètes, et d'où, à l'aide de récusations systématiques on avait exclu tout catholique et tout protestant libéral. Le résultat définitif n'avait donc rien de douteux, et les accusés se trouvaient placés entre ces deux partis : ou bien se présenter devant le jury la tête haute, le front calme, comme les représentans d'un peuple opprimé par un autre peuple, comme les champions de l'indépendance nationale, comme les martyrs dévoués d'une noble cause ; ou bien substituer le légiste au tribun, et chercher dans les complications, dans les subtilités de la loi anglaise, le moyen de harasser, de troubler, de ruiner l'accusation. De ces deux partis, O'Connell devait naturellement choisir le second. Il le choisit en effet, et dès-lors, perdant sa grandeur, le procès se traîna, comme l'affaire la plus obscure, dans tous les détours d'une chicane vulgaire. Néanmoins chacun savait qu'en réalité il s'agissait des maux et des droits de l'Irlande. Chacun sentait en outre que le succès ou la défaite d'O'Connell exercerait sur la politique intérieur du pays, et sur les forces respectives des partis parlementaires, une notable influence. De tous côtés, on attendait donc avec impatience, avec anxiété, l'issue de la lutte, et on se préparait, quelle qu'elle fût, à l'exploiter pour ou contre le ministère.

En même temps, dans une autre sphère, un double mouvement agitait les populations de l'Angleterre et de l'Écosse. A la ligue anti-prohibitive qui continuait ses prédications, ses banquets ; ses collectes, ses distributions de livres, le parti agricole avait senti la nécessité d'opposer une contre-ligue qui employât les mêmes moyens, qui luttât à armes égales. Dans tous les comtés, dans toutes les villes importantes, il y avait donc des réunions, soit dans un sens, soit dans l'autre, où l'on prononçait les discours les plus violens, où l'on prenait les résolutions les plus extrèmes. Quelquefois, quittant leur terrain habituel, les chefs de la ligue allaient au milieu même du camp ennemi provo que des désertions et porter la guerre. C'est ainsi qu'à plusieurs reprises M. Cobden se présenta parmi les agriculteurs et s'efforça de leur démontrer que la liberté du commerce, nuisible aux propriétaires fonciers dont elle réduirait les baux, serait favorable aux fermiers, dont elle augmenterait les ressources. Sur les intentions, sur les projets du ministère il n'y avait d'ailleurs qu'incertitude et que doute. Selon les uns, le ministère, éclairé par l'expérience et cédant au mouvement de l'opinion publique, allait abandonner sa fameuse échelle mobile et proposer un droit fixe modéré. Selon les autres, le ministère regrettait d'avoir fait tant de concessions à la ligue, et avait pris la résolution b ! en formelle de ne plus avancer d'un seul pas dans la voie libérale. Au milieu de ces versions diverses, le parti agricole l'inquiétait sérieusement, et partout, au milieu de ses meetings, retentissaient les récriminations les plus amères contré sir Robert Peel. « Le premier ministre qui, après s'être servi de nous, nous a trahis une première fois, va peut-être essayer de nous trahir une seconde ; mais il ne nous trouvera plus si aveugles ni si dociles… L'intérêt agricole l'a porté au pouvoir ; l'intérêt agricole saura bien l'en précipiter, si cela est nécessaire. Il faut donc que sir Robert Peel s'explique nettement, il faut qu'il dise s'il veut encore mériter les éloges de M. Cobden à nos dépens. » Tel était le langage de quelques hommes considérables, du duc de Richmond notamment, qui s'était placé à la tête de cette curieuse croisade.

On comprend que les embarras du procès irlandais d'une part ; et de l'autre le mécontentement du parti agricole, dussent encourager singulièrement l'opposition whig radicale et lui donner grand espoir. Aussi, en attendant la session, les journaux ne cessaient-ils de relever soigneusement toutes les injures adressées par les tories à sir Robert Peel, et de représenter ce ministre comme une puissance déchue. « Y a-il quelqu'un encore, s'écriaient-ils, qui se fie à sir Robert Peel, le trompeur général ?… Sir Robert Peel a constitué un grand parti dans l'opposition, afin de se soutenir au pouvoir en le livrant en détail… On sait l'histoire de cet Irlandais à qui on reprochait de trahir son pays. « Je remercie le ciel, répondit-il, d'avoir un pays à trahir. » Sir Robert remercie le ciel d'avoir une majorité à livrer… Il est comme cette dame de la tour de Nesle, qui jetait chaque matin un de ses amans par la fenêtre. Grace à lui, le parti tory ressemble à un équipage affamé qui s'entre-dévore, ou bien à cette hyène qui dînait de sa propre jambe….Les principes de sir Robert Peel sont une monnaie qu'il dépense selon le besoin du moment. Tout ce qu'il désire, c'est d'avoir en poche un principe à l'aide duquel il apaise une demande importune. » Et pendant que les feuilles whigs-radicales parlaient ainsi, la plupart des feuilles tories, de leur côté, déploraient en termes violens le suicide du parti conservateur et la trahison de son chef. Tout annonçait donc que le début de la session serait très laborieux, très difficile pour le cabinet, et qu'un grand danger le menaçait.

Au lieu de cela, tout se passa le plus régulièrement, le plus paisiblement du monde. Après un discours du trône fort insignifiant, sir Robert Peel déclara en quelques paroles qu'il ne songeait pas à modifier de nouveau la loi des céréales, et devant cette simple déclaration tombèrent les espérances des uns et les inquiétudes des autres. Quelques conversations sans importance sur la Chine, sur les émirs du Scinde, sur l'Espagne, remplacèrent donc le grand débat auquel on s'attendait, et dès ce moment il fut facile de juger qu'on s'était un peu trop hâté de tuer sir Robert Peel et de se partager ses dépouilles. Est-ce à dire que toutes les difficultés se fussent aplanies, que tous les dissentimens eussent disparu, et que sir Robert Peel pût reprendre purement et simplement la position forte et sûre de 1842 ? Pas le moins du monde, et, pour s'en convaincre, il suffit de suivre dans leurs phases diverses les questions qui pesaient sur lui depuis un an. Ces questions peuvent se réduire à trois principales : celle de l'agitation irlandaise, celle des querelles religieuses dans les trois royaumes, celle des mécontentemens intérieurs du parti tory. Ce sont ces trois questions que je vais aborder successivement.

C'est le 15 février, peu de jours après l'ouverture du parlement, que fut rendu à Dublin le verdict par lequel O'Connell et ses amis étaient déclarés coupables sur plusieurs chefs d'accusation. Ce verdict était trop prévu pour produire, même en Irlande, une bien grande sensation. A force de prêcher à ses compatriotes l'ordre et le calme ; à force de leur dire que, s'ils restaient paisibles six mois seulement, le rappel était assuré ; à force de leur répéter que l'indépendance et la liberté de l'Irlande lui paraîtraient trop chèrement acquises au prix de la vie d'un homme, le grand agitateur avait d'ailleurs réussi ; plus qu'il ne le désirait peut-être, à étouffer d'avance, à énerver toute grande manifestation nationale. Ajoutez que, selon la forme anglaise, le jugement final ne devait être prononcé que deux mois après, au mois d'avril, et que d'ici là on comptait encore sur l'habileté d'O'Connell. Ainsi les douze jurés protestans avaient condamné le catholique, et l'Irlande restait paisible malgré sa douleur, malgré son indignation. La question dès-lors cessait d'être judiciaire pour redevenir politique, et l'opposition avait non-seulement le droit, mais le devoir, de porter devant les chambres toute la conduite du gouvernement. L'opposition n'y manqua pas, et le même jour lord John Russell aux communes, lord Normanby aux lords, proposèrent à la chambre de se former en comité pour examiner l'état de l'Irlande. Ainsi qu'on devait s'y attendre la chambre des lords en eut bientôt fini, et, après une courte démonstration la motion de lord Normanby fut rejetée par 175 voix contre 78. Il en fut autrement aux communes, où le débat dura du 13 février au 23, pendant neuf longues séances, et donna à tous les hommes éminens de la chambre une occasion d'exprimer leur opinion. Il faut pourtant le dire, ce débat ne brilla ni par la grandeur des idées ni par la nouveauté des argumens. Des droits de l'Irlande et de ses maux il fut peu question et encore moins des moyens à prendre pour faire rentrer ce malheureux pays dans la grande famille nationale. En revanche, on discuta beaucoup, longuement, sur l'opportunité et les incidens du procès, sur l'attitude et les paroles des avocats de la couronne, sur un cartel notamment que l'attorney-general, M. Smith, avait adressé à un des défenseurs. Seul, M. d'Iraëli eut l'art de réveiller l'attention assoupie par une dissertation historique où il s'efforça d'établir que les véritables oppresseurs de l'Irlande étaient les whigs, héritiers naturels des puritains, et non les tories, venus en ligne directe des cavaliers et du parti de la haute église ; jeu d'esprit assez ingénieux, assez piquant, mais qui ne pouvait tenir une minute contre de tristes et récens souvenirs. Beaucoup de timidité du côté des whigs, peu de confiance du côté des tories, voilà quel fut le principal caractère de ce long débat, où plus d'une fois le langage des chefs de parti parut se confondre, et qui se termina par un vote de 324 voix contre 225. Il fut pourtant marqué par un incident fort curieux et fort significatif. Aussitôt après le verdict du jury, O'Connell avait quitté Dublin pour se rendre à Londres, et il vint prendre sa place au milieu de ses collègues pendant qu'on discutait la motion de lord John Russell. Quand il parut, l'opposition presque entière le salua des plus vives acclamations, et ces manifestations ne se renfermèrent pas dans l'enceinte du parlement. A Birmingham, à Londres, ailleurs encore, des réunions eurent lieu, réunions vraiment populaires, où O'Connell fut accueilli avec enthousiasme et couvert d'applaudissemens. Faut-il en conclure que soit l'opposition parlementaire, soit les masses populaires sympathisassent avec les doctrines, avec les sentimens, avec les projets d'O'Connell, et que le Saxon si souvent outragé se fût soudain pris pour celui qui l'outrageait l'une affection singulière ? Pas le moins du monde. Comme Irlandais et comme catholique, O'Connell ne cessait pas d'être suspect, si ce n'est odieux, à l'Angleterre protestante : par ses injures au Saxon comme par ses projets de séparation, il avait en outre irrité, soulevé toutes les passions nationales ; mais en février 1844 O'Connell, condamné par un jury partial, apparaissait à l'Angleterre libérale comme le champion, comme le martyr du droit et de la liberté. Devant ce saint caractère s'évanouissaient tous les préjugés et toutes les haines. Ce n'était point O'Connell qu'on applaudissait, c'était un principe, le principe pour lequel la vieille comme la nouvelle Angleterre a si souvent combattu.

Quoi qu'il en soit, après quelques escarmouches sans importance, lord Elliott, au nom du gouvernement proposa deux bills pour régler en Irlande la franchise parlementaire et municipale. Personne ne peut avoir oublié qu'en 1841 lord Stanley, d'accord avec sir Robert Peel, chef de l'opposition tory, avait proposé un bill destiné, disait-il, à réprimer les fraudes, supprimer les abus qui, dans la confection des listes électorales en Irlande, déplaçaient la majorité et faisaient la force du parti catholique. Vivement soutenu par les tories, non moins vivement combattu par les whigs, par les radicaux, surtout par les Irlandais catholiques, ce bill, on s'en souvient, finit par obtenir une majorité de 3 voix, et devint la cause décisive du fameux budget whig, de la dissolution, et de l'avènement des tories. Il y avait donc lieu de s'étonner que ceux-ci, maîtres d'une majorité considérable, eussent, pendant trois sessions, ajourné une mesure si juste, selon eux, et si nécessaire, une mesure, qui devait rétablir la vérité, la sincérité, la pureté des élections. On s'étonna plus encore quand, au lieu de cette mesure toute répressive, toute restrictive, lord Elliott en annonça une qui devait étendre la franchise et la consolider. Sans entrer dans aucun détail, il suffit de dire que le bill Elliott avait pour but : 1° d'introduire en Irlande quelques-unes des formes anglaises, et notamment de réduire à un et à deux jours le temps des élections ; 2° de désaffranchir, à l'expiration de l'enregistrement actuel, c'est-à-dire au bout de huit ans, 25,000 électeurs dont le droit paraissait frauduleux ou mal établi ; 3° de créer 50,000 électeurs nouveaux, d'une part en admettant à voter tout fermier d'une propriété évaluée à 30 liv. sterling de revenu, de l'autre en conférant la franchise électorale à toute personne, même non résidente, ayant sur une propriété foncière quelconque un intérêt Perpétuel de 5 liv. sterling. Le bill sur les élections municipales, qui fut présenté quelques jours après, dérivait de la même pensée, et avait avec l'autre beaucoup de points de ressemblance.

Après avoir proclamé, comme sir Robert Peel venait de le faire, la nécessité absolue d'établir une égalité substantielle entre les franchises électorales des deux pays, c'étaient là des mesures bien incomplètes. Néanmoins l'intention paraissait bonne, et cela suffit pour qu'au premier moment le bill Elliott fût accueilli favorablement par les whigs et froidement par les tories. Malheureusement, en y regardant de près, on s'aperçut que ce bill placerait dans la main des propriétaires irlandais un pouvoir énorme, en leur donnant le moyen de faire et de défaire les électeurs comme bon leur semblerait. Aussi, dans une résolution fortement motivée, l'association du rappel ne tarda-t-elle pas à se prononcer contre le bill Elliott, et à le signaler « comme une tentative hardie pour livrer les élections irlandaises à l'oligarchie territoriale, et pour supprimer entièrement la voix du peuple dans les comtés. » Peu de jours après, à Cork, O'Connell parla violemment dans le même sens, et promit de mourir sur le plancher de la chambre des communes plutôt que de laisser passer un bill aussi infame. Sans aller jusque-là, toutes les feuilles libérales anglaises, et le Times lui-même, reconnurent que la critique était juste, et que le bill, s'il passait, ressusciterait infailliblement ce qu'on appelle le mushroorn system (système champignon), c'est-à-dire le système à l'aide duquel un propriétaire expérimenté fait sortir de terre, du jour au lendemain, quelques centaines d'électeurs. En présence d'une réprobation aussi générale, il était difficile que le gouvernement persévérât dans son projet. Il y renonça donc, et ce premier essai de conciliation n'eut point d'autre résultat.

Sir Robert Peel fut plus heureux dans le bill qu'il fit présenter par sir James Graham sur les fondations pieuses et sur les institutions charitables en Irlande (bequests-bill). Ce bill contenait deux innovations graves. D'une part, à la commission (board) purement protestante, chargée d'examiner et d'autoriser, s'il y avait lieu, tous les dons et legs faits aux chapelles ou aux institutions catholiques, il substituait une commission mixte où devaient figurer des évêques catholiques, donnant ainsi au culte de la majorité de grandes garanties et de grandes facilités ; de l'autre, il reconnaissait implicitement toute la hiérarchie catholique, et rompait avec les traditions intolérantes de l'église protestante. C'était plus que n'avait demandé, dix-huit mois auparavant, lord Palmerston dans le discours où il exposa la politique des whigs à l'égard de l'Irlande. Malgré cela, c'est à peine si, dans le parlement, le bill rencontra une légère opposition. Au dernier moment, deux ou trois évêques catholiques essayèrent de le combattre comme insuffisant, comme hypocrite, et, entraînés par la voix de leurs pasteurs, quelques membres catholiques en demandèrent le rejet ; mais M. Wyse, M. Sheil, M. John O'Connell, eurent la bonne foi de reconnaître que ce bill améliorait notablement l'état ancien, et qu'il fallait en savoir gré au cabinet. Quant au parti ultra-protestant, soit qu'il ne comprit pas la portée de la mesure, soit qu'il désespérât de la faire rejeter, il garda dans le débat un silence singulier. En conséquence, le bill fut adopté à la presque unanimité, et devint loi de l'état.

Cependant le procès d'O'Connell et de ses amis avait recommencé presque sans bruit, et à la fin de mai, après de longs et fastidieux débats, le grand agitateur avait été condamné à une année d'emprisonnement et à 2,000 liv. d'amende. Le lendemain, la condamnation s'exécutait paisiblement, et l'Irlande voyait avec surprise, mais sans résistance, renfermer dans une maison de force l'homme de son choix, celui que depuis si long-temps elle investissait d'une sorte de royauté morale, ou, pour mieux dire, de pontificat souverain. Il y avait dans un tel dénouement un cruel démenti aux prédictions des whigs et des radicaux anglais, qui si souvent avaient annoncé que l'emprisonnement d'O'Connell serait le signal d'une insurrection universelle. Il y avait aussi un fâcheux affaiblissement pour O'Connell., qui se trouvait frappé d'impuissance et déchu de son inviolabilité prétendue. Le gouvernement, à la vérité, rendait sa prison aussi douce que possible, et il pouvait y recevoir, outre sa famille et ses amis particuliers, des députations venues des différens points du pays ; mais une semblable tolérance était un signe de force plutôt que de faiblesse, et il n'en restait pas moins vrai qu'après avoir promis cent fois de battre tous les légistes de l'Angleterre, O'Connell, battu par eux, se trouvait jugé, condamné, emprisonné. Si une dernière ressource lui restait, l'appel pour violation des formes légales devant la chambre des lords, il n'avait lui-même dans cette ressource aucune espèce de confiance. Tout paraissait donc terminé au moment où le parlement s'ajourna, et dans cette lutte difficile sir Robert Peel semblait avoir remporté la plus complète des victoires.

C'est là pourtant que l'attendait un échec grave, et qui l'eût été bien plus sans les circonstances honorables, glorieuses même, dont cet échec fut accompagné. La chambre chargée de juger O'Connell en dernier ressort se composait, pour les deux tiers au moins, de membres qui le regardaient comme coupable, et qui désiraient vivement prêter force au cabinet ; de plus, sur huit juges anglais qui, selon l'usage, avaient exprimé publiquement leur avis, six pensaient que le jugement devait être confirmé. Au point de vue légal, au point de vue politique, tout donc semblait assurer la condamnation, et O'Connell n'en doutait pas plus que sir Robert Peel. Qu'arriva-t-il cependant ? On le sait, et, si je le répète ici, c'est que, pour l'honneur des pays libres, de tels exemples ne sauraient être trop souvent cités. La juridiction de la chambre les lords, juridiction exceptionnelle et singulière, a rendu nécessaires, depuis de longues années, certaines règles qui, sans être écrites, sont religieusement observées. La première de ces règles, c'est que nul pair ne doit juger sans avoir assisté à tous les débats, à toutes les plaidoiries ; la seconde, qui en est la conséquence, c'est que le jugement appartient uniquement aux law-lords c'est-à-dire aux lords qui ont occupé de hautes fonctions judiciaires. Or, il y a dans la chambre des lords cinq law-lords seulement, le lord-chancelier, lord Brougham, lord Cottenham, lord Campbell, lord Denman, les deux premiers tories, et les trois derniers whigs. Quand on en vint aux voix, les deux premiers trouvèrent le jugement bon, les trois derniers le déclarèrent mauvais ; puis le lord-chancelier, d'une voix émue, se mit en mesure de consulter la chambre, qui, attentive, agitée, incertaine, allait peut-être céder à ses penchans politiques et violer ses vieux usages. C'est alors qu'un des ministres, lord Wharncliffe, se leva, et, au nom du cabinet, adjura la chambre de ne pas sacrifier à un intérêt passager l'intérêt bien plus élevé de ses précédens et de sa dignité. L'acquittement d'O'Connell était un embarras grave pour le gouvernement. Mieux valait subir cet embarras que de fouler aux pieds une règle antique et sage. À ces nobles paroles, deux ou trois membres essayèrent d'opposer quelque résistance ; tous les hommes graves de la chambre appuyèrent l'avis de lord Wharncliffe, et le jugement fut cassé au milieu d'un silence universel.

Un de mes amis qui connaît bien l'Irlande, et avec qui j'aime toujours à me rencontrer, M. Gustave de Beaumont, l'a dit avant moi ce qu'il y a d'admirable dans cette affaire, ce n'est ni la conduite du lord-chancelier et de lord Brougham, ni celle de lord Cottenham, de lord Campbell et de lord Denman. En voyant les deux tories se prononcer pour la confirmation et les trois whigs pour la cassation du jugement, on peut même se demander si, à leur insu sans doute, leur opinion politique n'avait pas pesé sur leur opinion légale ; mais ce qui est au-dessus de tout éloge, c'est la conduite du ministère et de la majorité. Qu'on ne l'oublie pas, le ministère et la majorité croyaient O'Connell coupable et le jugement bon. Pour faire triompher leur opinion, pour éviter un échec et une difficulté, ils n'avaient à violer ni l'équité naturelle, ni une loi positive, mais seulement un vieil usage, un usage dont la légitimité pouvait être mise en doute. Néanmoins ils s'arrêtèrent spontanément, de leur plein gré et par un noble scrupule. Il appartient au parti libéral français, à ce parti que l'Angleterre calomnie tous les jours, de lui rendre en cette circonstance un hommage éclatant, et de prouver ainsi qu'il n'est, malgré des ressentimens légitimes, ni injuste ni systématique.

Le lendemain même du jour où l'arrêt avait été cassé, la reine d'Angleterre venait en personne clore le parlement. Cette session laissait donc le ministère dans une situation difficile vis-à-vis de l'Irlande. Loin d'acquérir quelque force pendant les derniers mois, il en avait perdu.

La question religieuse, qui, quelques mois plus tard, devait donner de grands embarras au cabinet, était, pendant le cours de la session, restée à peu près stationnaire. En Écosse, la scission presbytérienne continuait à faire quelques progrès et à se constituer solidement. Dans l'église anglicane, la querelle de la haute église, de la basse église et des puséistes s'envenimait chaque jour, mais sans incidens nouveaux. Au parlement, le parti ultra-protestant eut pourtant encore quelques mauvais jours à passer. Ainsi, non content de faire adopter presque sans contestation un bill qui détruisait les restes des anciennes lois pénales contre les catholiques, sir Robert Peel en proposa un non moins odieux, plus odieux encore, qui tendait à assurer à certaines sectes dissidentes, notamment aux unitairiens, la possession, jusque-là contestée, de leurs chapelles ; mais ce qu'il y a de piquant, c'est que dans cette circonstance les ultra-anglicans eurent pour alliés les méthodistes wesléiens, et même les presbytériens libres d'Ecosse. Aux yeux des uns comme des autres, cétait ouvrir une large porte à l'infidélité, et renverser les barrières qui protégent et doivent protéger le christianisme. A cette coalition inattendue, sir William Follett, M. Macaulay, sir Robert Peel, M. Gladstone, opposèrent le langage de la justice et du bon sens. Quant aux catholiques, ils saisirent avec empressement, par l'organe de M. Sheil, cette occasion de flageller publiquement l'intolérance protestante et surtout presbytérienne. En définitive, le bill passa aux communes à 307 voix contre

117, et aux lords, malgré un discours de l'évêque de Londres, à 202 voix contre 3. Tel fut le premier succès de la campagne entreprise en commun contre l'esprit de tolérance par les anglicans et par les dissidens wesléiens. On verra plus tard que la coalition n'en fut pas découragée.

Le parti ultra-anglican fut plus heureux dans l'affaire les cours ecclésiastiques. Quelque habitué que l'on soit aux bizarreries de la législation anglaise, on est étonné l'apprendre que dans ce pays, au XIXe siècle, il existe encore une multitude de cours ecclésiastiques à la nomination des évêques, dont la compétence, fondée sur de vieilles prétentions religieuses, s'étend confusément aux questions le mariage, de testament, de dîmes, de taxes pour les églises, et crée ainsi dans l'ordre des juridictions d'inextricables conflits. Depuis longtemps, tous les jurisconsultes de l'Angleterre, plusieurs évêques même, demandaient l'abolition de ces déplorables cours, à l'exception d'un tribunal unique dans la métropole ; mais une telle réforme blessait les préjugés ultra-anglicans, et le cabinet n'osa la proposer qu'atténuée et mutilée. De cette sorte, elle n'obtint l'assentiment ni des ultra-anglicans, qui voulaient maintenir l'état actuel, ni des libéraux, qui demandaient quelque chose de sérieux et de complet. Il fallut donc l'abandonner, comme les bills de réforme parlementaire et municipale en Irlande, et, pour cette fois, le parti ultra-anglican eut le dessus.

Il l'eut encore, pour un moment du moins, dans une tentative assez hardie qu'il fit à la chambre des lords. Conformément à l'avis de la grande commission ecclésiastique, et en vertu des pouvoirs à lui conférés par le parlement, le cabinet avait, afin de créer un évêché à Manchester, réuni les deux petits, évêchés de Bangor et de Saint-Asaph. Le parti ultra-anglican déclara que c'était là une mesure érastienne et contraire aux vrais principes de l'église épiscopale. Puis, au nom de ces principes, lord Powis proposa un bill qui avait pour but de séparer les deux évêchés, et d'annuler ainsi l'acte du cabinet. Comme on devait s'y attendre, le cabinet fit bonne résistance ; mais ce fut en vain, et bien que, dans cette circonstance, l'archevêque de Cantorbery et l'évêque de Londres vinssent en aide au lord-chancelier, le bill passa à 49 voix contre 37. Le duc de Wellington vint alors opposer à la majorité rebelle la prérogative de la reine, et contester à la chambre le droit de prendre l'initiative en matière ecclésiastique. Par ce moyen, il obligea lord Powis à retirer sa motion, et déconcerta le parti ultra-anglican. Il n'en resta pas moins démontré que ce parti, dans la chambre des lords au moins, était assez fort pour tenir le ministère en échec et pour lui imposer certaines concessions.

J'en viens maintenant aux mécontentemens intérieurs du parti tory et aux symptômes par lesquels ils se manifestèrent pendant le cours de cette session.

Si la fraction ultra-protestante du parti tory s'était montrée peu satisfaite de sir Robert Peel, et l'avait plus d'une fois entravé ou combattu, la fraction ultra-agricole du même parti ne se tenait pas au fond pour mieux traitée, et ne paraissait pas plus confiante. C'était quelque chose sans doute que d'avoir obtenu, dès le début de la session, une réponse positive aux bruits qui couraient, et la déclaration formelle que la loi des céréales n'était pas à la veille d'être une seconde fois modifiée mais sir Robert Peel refusait de prendre pour l'avenir aucun engagement, ce qui ne laissait pas d'être assez inquiétant. Quant au budget, il ne se présentait point cette année, comme deux ans auparavant, avec une escorte effrayante de droits protecteurs réduits et de prohibitions supprimées. Néanmoins, quelques mesures partielles, l'abolition du droit sur les laines étrangères, par exemple, et la réduction du droit sur le café, annonçaient suffisamment que sir Robert Peel persistait dans son système, et qu'il comptait, quand le moment viendrait, le pousser plus avant. Tout cela produisait dans les rangs tories une agitation sourde, une fermentation secrète, qui, pour éclater au dehors, n'attendait qu'une occasion favorable. Deux fois cette occasion se présenta, et deux fois elle fut saisie. Deux fois aussi la révolte fut réprimée avec une impitoyable rigueur. Ce sont les deux épisodes les plus curieux, de cette session, d'ailleurs assez insignifiante. Il est nécessaire de s'y arrêter un moment.

Depuis plusieurs années, on le sait, d'honorables philanthropes, après avoir sondé les vices et les misères qu'enfante ou qu'aggrave la réunion d'un grand nombre d'ouvriers de tout sexe et de tout âge dans les manufactures, s'étaient proposé de remédier autant que possible à ces vices et à ces misères, en soumettant à quelques règles législatives la puissance des maîtres ; mais le principe de la concurrence et de la liberté du travail opposait à ces efforts isolés une résistance presque invincible, quand tout à coup la question prit un caractère politique. La ligue contre les céréales, qui se compose surtout de manufacturiers et d'industriels, accusait les propriétaires fonciers de vouloir affamer le peuple à leur profit, et d'être ainsi la cause principale de la détresse du pays. Les propriétaires fonciers, à leur tour, trouvèrent bon d'user de représailles en accusant les manufacturiers et les industriels d'exploiter, d'épuiser, de torturer le peuple ; afin d'obtenir de plus gros bénéfices. Les philanthropes sincères trouvèrent ainsi dans l'intérêt personnel un secours inattendu, secours dont ils profitèrent avec raison. Quand, à la suite d'enquêtes ordonnées et faites par le parlement, sir James Graham proposa de limiter à 12 heures le temps de travail des femmes et des adultes, un des hommes les plus respectés du parti tory, lord Ashley, combattit donc cette motion, et demanda que la chambre substituât 10 heures à 12. C'était une innovation considérable qui modifiait profondément les conditions du travail en Angleterre, et qui pouvait avoir, soit au dedans, soit au dehors, les plus graves conséquences. Aussi fût-elle soutenue et combattue avec un égal acharnement des deux parts. Les rangs, d'ailleurs, se mêlèrent singulièrement, et d'étranges rapprochemens eurent lieu. Ainsi sir James Graham et sir Robert Peel furent vivement défendus par M. Ward et par M. Bright, tandis que plusieurs de leurs amis les plus intimes se séparaient d'eux. Du côté des whigs, la confusion ne fut pas moins grande. Lord John Russell, lord Palmerston, lord Howick, parlèrent et votèrent, bien qu'en hésitant un peu, avec lord Ashley, tandis que M. Labouchere, M. Baring, M. Hobhouse, votaient en sens contraire. En définitive, il y eut en faveur de l'amendement 179 voix contre 170. Quatre jours après, le ministère, comme c'était son droit, provoqua une nouvelle épreuve, et cette fois le résultat fut tout-à-fait bizarre. Ainsi, il y eut pour 12 heures 183 voix contre 186, puis pour 10 heures 181 voix contre 188. De cette façon, aucun des deux chiffres n'avait la majorité, et personne ne put s'étonner quand sir James Graham demanda vingt-quatre heures pour réfléchir.

Si l'on analyse les votes, on trouve que 99 tories s'étaient, dans cette seconde épreuve, prononcés contre le cabinet. Par quel motif l'avaient-ils fait ? Plusieurs sans doute par une conviction consciencieuse et raisonnée, d'autres par haine des manufacturiers et de la ligue, quelques-uns enfin pour donner une leçon au cabinet, et particulièrement à sir Robert Peel. Outre qu'il croyait l'amendement mauvais en soi et funeste à l'industrie nationale, sir Robert Peel se sentait donc blessé dans sa dignité personnelle et dans son autorité parlementaire. Aussi, dès le lendemain, sir James Graham annonça-t-il résolument que le cabinet ne céderait pas, et qu'il ne se prêterait à aucun compromis. Il ajouta que c'était là le commencement d'une législation à la Jack Cade [2], et que la chambre ferait tout aussi bien de fixer le minimum des salaires. Il demanda enfin que la chambre s'ajournât, afin de lui laisser le temps de retirer le bill, et d'en apporter un nouveau.

D'après cette détermination du cabinet, la question devenait ministérielle. Néanmoins plusieurs journaux de l'opposition, l'Examiner notamment, restèrent fidèles au principe économique, tandis que tous les journaux tories et le journal même de sir Robert Peel, le Standard, plaidaient avec chaleur en faveur du principe philanthropique. C'est dans ces circonstances qu'un nouveau bill fut présenté, presque semblable au dernier et qui maintenait la clause de 12 heures. Ce bill ayant été lu deux fois pour la forme, et plusieurs amendemens en sens divers ayant été écartés, lord Ashley reparut sur la scène, et proposa de nouveau la clause de 10 heures mais, dans l'espace d'un mois, le parti tory s'était fort amendé. A la voix de sir Robert Peel, qui jetait fièrement le gant à ses adversaires et posait la question de cabinet, ce parti revint presque entier sous le drapeau, et ne laissa qu'un faible appoint autour de lord Ashley. La clause qui, en avril, avait partagé la chambre en deux fractions égales, fut donc, en mai, rejetée par 297 voix contre 159, aux éclats de rire prolongés de l'opposition.

L'issue malheureuse et, qui pis est, ridicule de cette première tentative devait, pour quelque temps du moins, étouffer dans le camp tory toute velléité d'insurrection. Il n'en fut rien, et la question des sucres devint l'occasion d'une seconde révolte.

On sait que, dans son fameux budget de 1842, sir Robert Peel, enchaîné par ses déclarations antérieures, avait complètement mis de côté la question des sucres. Le sucre colonial restait imposé à 24 sh. le quintal, et le sucre étranger à 63 sh., sans distinction d'origine. C'était, à vrai dire, une prohibition déguisée et un monopole bien complet au profit des planteurs. Entre ce monopole et les principes récemment professés par sir Robert Peel, il y avait néanmoins une telle discordance, qu'il devenait difficile, si ce n'est impossible, de le maintenir sans altération, surtout quand, par suite de la diminution de la production coloniale, le prix du sucre allait sans cesse augmentant. D'un autre côté, sir Robert Peel avait si vivement reproché au budget whig de donner une prime au travail esclave, et d'encourager ainsi l'esclavage, qu'il n'osait guère démentir ses paroles en revenant au plan même de ses adversaires. Pour se tirer d'embarras, il imagina d'établir une distinction entre le sucre produit du travail esclave et le sucre produit du travail libre, et d'imposer celui-ci à 34 sh. seulement, en laissant subsister pour celui-là le droit de 63 sh. C'était, comme les whigs n'eurent pas de peine à le démontrer, et comme l'expérience l'a prouvé depuis, une mesure aussi absurde qu'impraticable. Le parti tory pourtant la soutint tout entier, et l'amendement de lord John Russell, qui proposait pour tous les sucres étrangers le chiffre de 34 su., fut rejeté par 197 voix contre 128 ; mais, peu de jours après, un membre du parti agricole, M. Miles, fit aussi son amendement. Celui-ci consistait à réduire le droit sur tous les sucres coloniaux à 20 sh., et le droit sur les sucres provenant du travail libre à 30 et 34 sh., selon certaines classifications. Entre les deux sucres, la différence paraissait être la même, le consommateur y gagnant 4 sh.

Une telle proposition n'avait certes rien de grave. Aussi les tories dissidens s'y rallièrent-ils avec joie dans l'espoir de faire subir au premier ministre un échec sans conséquence. Par la même raison, et en outre parce qu'il s'agissait d'une réduction de droits, l'opposition presque entière appuya l'amendement, qui, malgré les efforts du chancelier de l'échiquier, passa à 241 voix contre 221. Dans d'autres circonstances, il est probable que sir Robert Peel eût cédé : les revenus de 18433-44 avaient dépassé notablement ceux de 1842-43, le budget de 1844-45 se présentait favorablement, et une réduction de 4 sh. par quintal de sucre n'avait rien d'effrayant pour le trésor ; mais la conduite des tories dissidens dans cette affaire révélait des sentimens, des intentions, des projets sur lesquels on ne pouvait plus s'abuser. Sir Robert Peel résolut de mettre ses faux amis au pied du mur, et de briser d'un coup l'esprit de révolte qui travaillait son armée. Contre l'attente générale, il déclara donc froidement, péremptoirement, qu'il maintenait le chiffre de 24 sh., et qu'il offrirait à la chambre le moyen de revenir sur sa détermination. En même temps, il fit répandre le bruit de sa retraite prochaine, et provoqua une réunion au Carlton-club club tory pour en délibérer.

Tel était l'état de choses quand, le 17 juin, sir RoBert Peel, au milieu d'une chambre nombreuse et agitée, se leva pour expliquer sa conduite et pour faire connaître ses résolutions. « L'amendement de M. Miles lui paraissait mauvais commercialement, financièrement, et à ce titre seul il se croyait obligé de le combattre ; politiquement, il était bien plus mauvais et bien moins acceptable encore. Au sujet de cet amendement Une coalition s'était formée entre les adversaires habituels du ministère et une portion de ses défenseurs Or il y avait là un détestable exemple, un exemple funeste, et qui ne manquerait pas de se renouveler, si le cabinet cédait. » Dans un langage à la fois modeste et fier, sir Robert Peel alors rappela les lois qu'il n'avait pu faire passer, les échecs qu'il avait subis, et qui laissaient le cabinet dans une situation peu enviable. Puis, comme un autre ministre, mais plus sérieusement, il déclara qu'un appui médiocre ne pouvait lui suffire, et que, pour gouverner honorablement, utilement, il avait besoin d'être énergiquement soutenu. Le vote actuel devait décider la question.

On conçoit l'effet que produisit cette déclaration sur les tories dissidens, sur ceux du moins qui ne voulaient pas pousser les choses jusqu'au bout. Vainement lord John Russell, lord Palmerston, M. Sheil s'efforcèrent-ils successivement de les piquer d'honneur en leur représentant qu'on leur demandait de défaire ce qu'ils avaient fait, et d'aliéner une fois pour toutes leur liberté au profit de sir Robert Peel. Des tories dissidens pas un n'osait rendre coup pour coup, quand un homme de beaucoup d'esprit, M. d'Israëli, releva le gant pour son compte, et donna un libre cours aux sentimens qu'il contenait depuis long-temps. « C'est pour la seconde fois depuis un mois, dit M. d'Israëli, que sir Robert Peel demande à ses amis de se déjuger. En vérité, après tout ce qu'ils ont fait pour lui, il devrait les traiter avec un peu plus de délicatesse et ne pas les traîner sans nécessité dans la boue. C'était assez de leur avoir fait subir une fois pendant la session la dégradation dont il les menace encore. Sir Robert Peel ferait bien au moins d'établir le tarif de l'indépendance parlementaire, afin que chacun sut d'avance jusqu'où il peut aller et à quoi il s'expose. L'honorable baronnet s'est toujours donné comme un partisan décidé de l'émancipation des noirs ; mais il paraît que son horreur pour l'esclavage ne s'étend pas aux bancs qui sont derrière lui. Là la chaîne est toujours en usage, et le fouet se fait rudement sentir. Tout ce qu'on lui demande, c'est d'avoir la main légère, et de ne pas frapper trop fort. » Il est inutile de dire qu'après un tel discours M. d'Israëli vota contre le cabinet ; toutefois son exemple ne fut suivi que par un bien petit nombre de ceux qu'il avait si rudement traités en les défendant, et sir Robert Peel obtint pour son chiffre de 24 sh. 255 voix contre 233. Il est vrai qu'une dizaine de libéraux, M. Cobden, M. Bouverie, M. Warburton, M. Gibson qui trouvaient l'amendement de M. Miles plus favorable aux planteurs que le projet primitif, votèrent contre cet amendement. Ainsi finit plus misérablement encore que la première la seconde insurrection tory.

Par sa fermeté dans cette affaire, sir Robert Peel venait de prouver que le parti tory avait un maître, et que ce maître aimait mieux abdiquer que de laisser le pouvoir s'abaisser et s'avilir entre ses mains. La victoire était donc complète mais de telles victoires honorent ceux qui les remportent plus qu'elles ne les fortifient Une portion des tories dissidens avait résisté au bâton de sir Robert Peel et voté contre lui malgré sa démission formellement annoncée. Une autre portion s'était soumise, la rage dans le cœur, la honte sur le visage, et en gardant au maître une profonde rancune. Tout cela ne rétablissait pas sa situation, et tendait peu à reconstituer le parti tory avec sa confiance, avec son enthousiasme, avec son unanimité de 1841. Il faut ajouter que chaque jour la polémique des journaux tories devenait plus violente et plus amère. Après l'incident de la clause de dix heures le Times, le Post, le Standard même, avaient gémi, douloureusement gémi, sur la décadence du parti conservateur, de ce parti incapable, selon eux, de rien faire pour le peuple ou pour l'aristocratie. Après l'affaire des sucres, ce fut un concert bien plus bruyant encore de lamentations et d'invectives. « Mieux vaut, dirent-ils, mieux vaut cent fois que désormais les serviteurs de sir Robert Peel s'abstiennent de toute velléité d'indépendance. Mieux vaut qu'ils adoptent franchement et hautement la maxime orientale : Entendre, c'est obéir. Pourquoi le parti conservateur continuerait-il à mettre à nu le collier dont son cou est entouré ? Pourquoi se plairait-il à faire savoir à tout le monde qu'il vote contre sa conscience ? Le peuple ne saurait pas quels esclaves vous êtes sans vos puériles mutineries. Mettez donc un terme à cette guerre servile, à cette guerre honteuse, dans laquelle, pour vous faire rentrer dans l'ordre, il suffit à votre maître d'un fouet au lieu l'épée. Sachez-le bien d'ailleurs, peu importe à sir Robert Peel que vous soyez ou ne soyez pas de son avis. Il vous permet de le détester à votre aise, pourvu que vous passiez sous le joug et que vous votiez comme il l'entend. Peut-être un jour vous lasserez-vous de vous traîner dans la boue à son profit. Jusque-là épargnez à l'Angleterre un spectacle ridicule, et conserver, dans votre esclavage, l'attitude humble et silencieuse qui vous sied. »

Ainsi parlait la presse tory, et la presse libérale ne manquait pas de relever avec joie ses plaintes et ses conseils. Des deux parts d'ailleurs, on s'accordait pour faire ressortir la stérilité, l'inanité de la session. Par une mesure hardie et heureuse, le cabinet avait réduit d'un quart pour cent (de 3 et demi à 3 un quart) l'intérêt de la dette publique. Il avait, en outre, fait passer sur la banque un plan bien conçu, et qui obtenait l'approbation générale. Enfin il avait obtenu malgré d'assez vives résistances, un acte qui, pour les lignes de chemins de fer non encore votées, devait remédier à des abus nombreux et patens. En revanche, que de mesures mutilées ou délaissées ! Les deux bills de lord Elliott sur La franchise parlementaire et municipale en Irlande, le bill des cours ecclésiastiques, le bill des cours de comté, et plusieurs autres abandonnés par les ministres eux-mêmes ; le bill des sucres, le bill des manufactures, le bill pour la réforme des lois sur les pauvres, arrachés par violence à la majorité et virtuellement condamnés, tel était le produit le plus clair, le plus net de la session. Et ce n'est pas seulement au sein du parlement que le cabinet avait rencontré une résistance imprévue et subi des échecs sans exemple. Son gouverneur des Indes, lord Ellenborough, ne venait-il pas d'être rappelé contre son gré par ordre de la compagnie ? Un ministère faible et hautain, une majorité mutine et servile, un parlement disloqué et impuissant, voilà à quoi avait abouti en définitive le grand triomphe du parti conservateur en 1841 !

J'en ai assez dit, je pense, pour prouver que la session de 1844 n'avait rien terminé, rien résolu, et qu'après cette session, la situation respective des hommes et des partis restait à peu près la même qu'auparavant. La question d'Irlande, après des péripéties diverses, laissait le gouvernement et O'Connell en présence sans qu'il y eût, à vrai dire, succès complet d'aucun côté ; la question religieuse était stationnaire ; la question parlementaire conservait son caractère indécis, et en somme personne, excepté peut-être O'Connell, n'avait lieu d'être content, ni les whigs, qui s'étaient flattés de renverser le cabinet, ni les tories, qui se sentaient divisés et humiliés, ni le cabinet, qui n'avait pu garder la majorité que par des moyens violens et dont l'emploi ne pouvait être souvent renouvelé. Pour qui regarde au fond des choses, il était évident que la crise continuait, et que sir Robert Peel, avant l'ouverture de la prochaine session, avait à prendre un parti décisif.

II.

Dans l'intervalle, une question toujours grave en Angleterre, la question religieuse, prit une face toute nouvelle et menaça sir Robert Peel de difficultés d'un autre genre. Pour bien comprendre les incidens qui survinrent, quelques explications sont nécessaires.

Quiconque a étudié l'histoire d'Angleterre sait qu'avant de se fixer sur sa base actuelle, l'établissement anglican, sous Henri VIII et sous Edouard VI, subit des oscillations nombreuses, et pencha successivement vers des principes, vers des systèmes opposés. Aujourd'hui, avec Cranmer, avec Latimer, avec Ridley, l'idée protestante dominait, et tendait à assimiler la réformation anglaise et les réformations allemandes. Demain, avec Gardiner, avec Bonner, l'idée catholique reprenait le dessus, et rapprochait infiniment l'église anglicane de l'église romaine. Vinrent enfin, après la reine Marie, les trente-neuf articles et la liturgie, compromis plus ou moins ingénieux entre des principes ennemis, transaction plus ou moins habile à l'aide de laquelle la main puissante de l'état essaya, sinon de réconcilier, du moins de faire vivre en paix, l'élément protestant et l'élément catholique. On y réussit jusqu'à un certain point, non pourtant jusqu'à détruire les deux tendances, qui, en toute occasion, essayèrent encore de se faire jour. Il faut néanmoins reconnaître que depuis la grande tentative de Laud, depuis surtout la chute des Stuarts, la tendance catholique fut la plus faible, et disparut presque entièrement. Il y avait bien, au sein de l'église anglicane, la haute et la basse église : la première, qui concédait davantage à l'autorité épiscopale, à la tradition, et qui défendait avec plus d'énergie l'alliance de l'église et de l'état ; la seconde, qui, dans l'interprétation des saintes Écritures, accordait plus au jugement individuel et qui, vis-à-vis des évêques eux-mêmes, conservait une certaine indépendance ; mais, pour l'une comme pour l'autre, le mot de catholique restait un mot impie, et l'église romaine un objet d'horreur et d'effroi.

Les choses en étaient là quand, vers 1830, un petit groupe de ministres anglicans, membres de l'université d'Oxford, hasardèrent avec quelque timidité des doctrines qui, dès le début, attirèrent l'attention et soulevèrent une assez vive polémique. Selon eux, l'église anglicane avait, depuis la révolution, singulièrement dévié du point où avaient voulu l'arrêter ses illustres fondateurs. Il importait donc de remettre en lumière des vérités qu'elle avait laissé obscurcir, et de restaurer des prérogatives qu'elle avait abandonnées. C'était d'ailleurs dans la rubrique et la liturgie bien plus que dans les trente-neuf articles qu'il convenait de chercher l'esprit véritable de l'église. Or, la liturgie et la rubrique indiquaient entre le protestantisme et le catholicisme romain une voie moyenne, via media, où il importait de se tenir.

Telle fut la première position prise par le docteur Pusey et par M. Newman dans les célèbres traités (tracts) qui, pendant plusieurs années, ont alimenté la polémique religieuse de l'Angleterre ; mais bientôt le docteur Pusey, M. Newman surtout, allèrent plus loin, et, par la hardiesse de leurs opinions, épouvantèrent le vieil esprit protestant. Ils affirmèrent en effet que la Bible ne pouvait servir de seule règle de foi, et qu'elle devait être interprétée, expliquée, développée, par les écrits des pères de l'église et par la tradition. Ils nièrent avec mépris les droits du jugement privé et donnèrent à la parole du prêtre régulièrement ordonné une autorité supérieure. Ils blâmèrent la distribution immodérée des saintes Écritures aux ignorans comme aux savans sans commentaire et sans glose. Ils attribuèrent aux sacremens, au baptême notamment et à l'eucharistie, une vertu secrète et miraculeuse. Ils reconnurent dans les cérémonies extérieures, dans les symboles, dans les images même, un sens profond et un mérite mystérieux. Ils se montrèrent indulgens pour le purgatoire, pour les miracles ; pour l'invocation des saints, pour les hommages rendus à la vierge Marie ; enfin ils firent dériver toute l'autorité, toute la sainteté de l'église, non de la raison individuelle ou de la puissance publique, mais de la succession apostolique, succession non interrompue, selon eux, et en vertu de laquelle les évêques étaient légitimement les héritiers des apôtres et les anges de l'église. Une fois ce grand pas franchi, les nouveaux docteurs ne pouvaient manquer d'en venir à maudire au moins dans ses excès la réforme du XVIe siècle, et à revendiquer, au lieu de le repousser, le nom de catholique ; C'est ce qu'ils firent en effet. A leurs yeux, l'église romaine, l'église grecque, l'église anglicane, devinrent les rameaux divers d'un même tronc, et formèrent par leur réunion l'élise catholique universelle. Le tort de l'église romaine, son unique tort, fut d'avoir usurpé une suprématie qui ne lui appartenait pas. C'était une sœur trop ambitieuse, une sœur égarée, si l'on veut, mais qu'il fallait éclairer au lieu de l'injurier. En un mot, ce qui distinguait une église véritable d'une fausse église, ce n'était point tel ou tel dogme, telle ou telle pratique ; c'était l'existence d'un corps d'évêques dont l'ordination pouvait, par une succession non interrompue, remonter aux apôtres. Entre l'église romaine et l'église anglicane ; il y avait malentendu et querelle de famille ; entre l'église anglicane et les autres églises protestantes, il y avait toute la différence qui sépare le vrai du faux, et la réalité de l'apparence.

On le voit, l'église anglo-catholique ne marchait dans la voie ni de la basse ni de la haute église : elle se séparait de la première en niant son principe même, celui du jugement individuel ; elle se séparait de la seconde en lui reprochant de vendre son indépendance à l'état et en la taxant d'érastianisme [3]. Je n'ai certes pas la prétention de suivre dans ses développemens et dans ses inconséquences ce nouveau catholicisme. Si je devais le caractériser en peu de mots, je dirais qu'à mon sens il fait de l'église catholique un état fédératif, de même que l'église gallicane en fait un gouvernement représentatif, et l'église ultramontaine, un gouvernement absolu. Ce sont les trois formes sous lesquelles viennent se ranger toutes les constitutions politiques, et il assez, naturel que l'esprit humain les introduise dans la religion. Pendant quelque temps, les évêques étaient restés silencieux. Il ne leur déplaisait pas de s'entendre appeler successeurs des apôtres, anges de l'église, et de voir revendiquer avec hardiesse leur indépendance et leur infaillibilité. Beaucoup d'entre eux, d'ailleurs, redoutaient avant tout les envahissemens de l'esprit dissident, et trouvaient bon que cet esprit rencontrât dans les doctrines anglo-catholiques un contre-poids salutaire. Néanmoins, quand les nouveaux docteurs en vinrent à maudire Luther et à réhabiliter Rome, quand de plus M. Newman, dans son célèbre traité 90, établit doctement qu'on pouvait souscrire les trente-neuf articles sans y croire, du moins en totalité, le scandale devint trop grand pour être toléré plus long-temps, et la publication des traités fût épiscopalement condamnée. Depuis ce moment, les traités cessèrent de paraître. Sans se décourager, l'anglo-catholicisme eut recours à d'autres modes de publication, et on s'aperçut un beau jour avec un certain effroi qu'il avait fait des recrues nombreuses, surtout dans la haute aristocratie, et que le tiers de l'université d'Oxford lui appartenait. Ainsi, ce n'est pas sans de vives et nombreuses protestations qu'en 1843 le docteur Pusey fut suspendu pendant un an pour un sermon dans lequel il inclinait visiblement vers la présence réelle dans l'eucharistie et vers la consubstantiation. On se rappelle que parmi ceux qui protestèrent figuraient les noms remarquables de M. Gladstone, ministre du commerce, de lord Dungannon, de M. Courtenay et du juge Coleridge. Dès cette époque ; pourtant, les anglo-catholiques se divisaient en deux écoles, la vieille (celle qui avait dix ans), et la nouvelle, qui voulait pousser les choses beaucoup plus loin ; mais le danger commun les réunissait, et M. Gladstone tout en gourmandant doucement M. Newman, continuait à lui donner la main.

Il était nécessaire de rappeler ces faits pour bien faire comprendre ceux qui, de novembre 1844 à janvier 1845, mirent l'église anglicane en feu, et menacèrent d'une ruine complète l'établissement tout entier.

C'est en 1562, sous le règne d'Élisabeth, que furent définitivement rédigés les trente-neuf articles, ceux qui établissent la vraie doctrine chrétienne selon l'église anglicane, et comme sur quelques points, notamment sur la présence réelle, les évêques n'avaient pu parvenir à s'entendre tout-à-fait, on adopta, quant à ces points, un texte assez vague, assez élastique pour empêcher un schisme. Quant à la rubrique et à la liturgie, elles ne reçurent leur dernière forme qu'en 1661, sous Charles II, quand l'esprit puritain était en décadence. De là, dans la liturgie encore plus que dans les trente-neuf articles, des incohérences, des contradictions que pouvait seul couvrir le désir bien arrêté de vivre en paix et d'éviter tout conflit. Néanmoins, au commencement du dernier siècle, sous les rois de la maison de Hanovre, l'esprit puritain regagna du terrain, et ce que l'esprit catholique avait laissé dans la liturgie tomba graduellement en désuétude. L'église anglicane, tout en conservant sa hiérarchie, se rapprocha ainsi par ses formes, par ses cérémonies extérieures, par ses doctrines même, des autres églises protestantes, et s'éloigna de plus en plus de l'église romaine. Tel était l'état de l'église anglicane quand le mouvement anglo-catholique d'Oxford se fit sentir. Hors de l'université, ce mouvement n'entraîna pas un grand nombre de prosélytes ; cependant, comme il arrive toujours, parmi ceux-là même qui s'en préservaient, beaucoup, sans le vouloir et sans le savoir, subissaient son influence. C'est ainsi qu'à la grande surprise, à la grande consternation des vrais protestans, on vit dans quelques paroisses le surplis reparaître et l'autel se charger, comme dans l'église romaine, de cierges et de fleurs. C'est ainsi que des ministres vêtus de blanc osèrent omettre ou intercaler certaines prières, s'agenouiller devant l'autel, tourner le dos à la congrégation. C'est ainsi que l'offrande elle-même fut rétablie et que l'on eut le scandale d'une quête faite de banc en banc. En présence de semblables énormités, le vieil esprit protestant s'émut et de toutes parts les plaintes des congrégations s'élevèrent jusqu'aux évêques ; mas les évêques eux-mêmes, notamment dans les diocèses d'Exeter et de Londres, s'étaient laissé gagner par la contagion. Ainsi que je l'ai dit, l'idée de la succession apostolique leur plaisait, et ils s'habituaient volontiers à se considérer comme l'autorité suprême de l'église, comme une autorité souveraine vis-à-vis des fidèles, indépendante par rapport à l'état. En condamnant l'école anglo-catholique d'Oxford, ils avaient donc fait de nombreuses réserves, et reconnu que sur plusieurs points de dogme ou de discipline l'église anglicane, depuis un siècle et demi, ne résistait point suffisamment à l'esprit puritain. En conséquence, les évêques, pour la plupart du moins, refusèrent implicitement ou explicitement de faire droit aux plaintes les congrégations. Les évêques de Londres et d'Exeter allèrent plus loin encore et enjoignirent formellement le rétablissement et l'exécution littérale de la rubrique et de la liturgie de 1661.

C'est alors que naquit, que se développa, que grandit dans une foule de paroisses à la fois une agitation sans exemple, et qui devint bientôt un sérieux embarras pour le gouvernement. De toutes parts, des meetings eurent lieu où les congrégations déclarèrent que les innovations approuvées par les évêques étaient attentatoires aux principes du protestantisme, et qu'elles n'assisteraient plus au service divin tant que ces innovations seraient maintenues. On ne s'en tint même pas toujours dans ces limites, et plus d'une fois, au moment où le ministre paraissait vêtu du surplis, la congrégation se leva en masse, lui tourna le dos, et sortit de l'église avec fracas. Plus d'une fois aussi les ministres, après le service divin, furent poursuivis dans les rues, assiégés dans leurs maisons et gravement insultés. Dans le même moment, les corps constitués, la corporation de Londres notamment, prenaient parti pour le peuple contre les évêques, et engageaient les vrais protestans à s'unir pour mettre un terme à l'usurpation de l'œuvre de Dieu. Dans une pensée analogue, des hommes considérables, le duc de Sutherland, lord Denbigh, lord Gainsborough, lord Sandon, lord Morpeth, lord Teignmouth, lord Ashley, lord Grosvenor, lord Cowper, lord Howard et beaucoup d'autres revendiquaient les droits des congrégations, et demandaient que les ministres eussent des suppléans laïques pour lire les Écritures et pour les expliquer. C'était répondre à la prétention des évêques par une prétention toute contraire, et effacer en quelque sorte toute différence entre l'église et les fidèles.

On le voit, le débat ainsi posé s'agrandissait et sortait de la querelle un peu mesquine du surplis et de l'offrande. Quels étaient les droits des évêques, et quels ceux des congrégations ? A qui, en matière de discipline, appartenait le dernier mot ? Enfin à qui devait-on obéissance ? à la hiérarchie régulièrement constituée, ou à la totalité les fidèles ? Telle était la question qui s'élevait, question immense, et qui mettait inévitablement face à face le principe catholique et le principe protestant. Cette question, les évêques essayèrent d'abord de l'éluder. Ainsi, l'évêque de Londres consentit à suspendre pour un an les changemens ordonnés. L'évêque d'Exeter recommanda à son clergé beaucoup de précautions, beaucoup de ménagemens, jusqu'au jour où l'esprit public deviendrait meilleur ; puis, cédant sur quelques points, il concentra sur le surplis toutes ses forces, non que le surplis, en soi lui parût préférable à la robe, mais parce que le surplis avait l'autorité de la rubrique, et devait à ce titre être préféré. Tous ces atermoiemens, tous ces compromis, ne satisfirent personne, et, en présence de l'agitation toujours croissante, il fallut bien accepter le combat tel qu'il était offert. Dans deux lettres longues et curieuses, l'évêque d'Exeter, tout en accordant aux congrégations le droit de conseil ou de pétition, leur refusa donc tout autre droit, et réclama de tous les fidèles une obéissance absolue. Comme évêque, il lui appartenait exclusivement de veiller à l'exécution de la rubrique et de maintenir l'uniformité. Lui résister, c'était résister à l'ordre établi par Dieu même, c'était tomber dans le schisme. Il fallait d'ailleurs se réjouir que la question de l'autorité de l'église, cette grande question, se posât sur des futilités telles que le surplis et les cierges. Il en serait plus aisé de savoir qui reconnaissait cette autorité et qui prétendait s'y soustraire.

Ainsi, d'un côté, les congrégations manifestant leur opposition par des pétitions, par des placards, par des réunions tumultueuses, par de véritables émeutes ; de l'autre, les évêques donnant des ordres et réclamant, au nom de Dieu même, une obéissance qu'on leur refusait ; puis, au milieu de tout cela, des églises vides, des ministres insultés, un désordre et une confusion sans exemple : voilà la situation. Il est inutile de dire que les journaux, quotidiens ou non, ne restaient pas étrangers à la querelle. A l'exception du John Bull, presque tous se prononçaient contre les évêques, presque tous encourageaient les congrégations à la résistance, presque tous déclaraient que, si l'église anglicane voulait ressusciter les momeries papistes, cette église était perdue. De tous côtés d'ailleurs, on demandait qu'une autorité supérieure mit fin à toutes ces querelles et rétablît la paix dans l'église. Cette autorité, où était-elle ? Les uns parlaient d'une convocation ; mais en supposant qu'il fût possible de faire revivre, dans le XIXe siècle, ces vieux parlemens ecclésiastiques, depuis long-temps tombés en désuétude, et qui, sous Elisabeth même, n'avaient plus qu'une existence nominale, que de difficultés à surmonter pour en venir là, et que de questions préliminaires à résoudre ! Ne fallait-il pas déterminer les électeurs et les éligibles, régler le mode d'élection et la forme des délibérations, fixer les droits, les fonctions, les devoirs de l'assemblée élue ? Et tout cela fait, la convocation étant privée de tout pouvoir coercitif, chacun ne resterait-il pas maître d'obéir ou de désobéir à ses décisions ? Autant vaudrait, ainsi que le remarquait le Chronicle, « convoquer un ouragan dans une vieille maison. » L'idée d'une convocation écartée, d'autres levaient les yeux vers la reine et pensaient à invoquer sa suprématie religieuse, mais qu'est-ce que la suprématie religieuse de la reine depuis que tous ses pouvoirs, toutes ses prérogatives, se trouvent constitutionnellement déposés entre les mains d'un premier ministre, désigné, si ce n'est choisi, par la majorité parlementaire ? La suprématie religieuse de la reine était quelque chose de sérieux quand la reine avait une volonté propre et qu'elle gouvernait véritablement. Aujourd'hui, c'est le premier ministre qui gouverne pour elle, et ce premier ministre peut être wesléien, unitairien ou même catholique. Comment songer à lui confier le soin d'interpréter le dogme, de régler le culte, et de commander aux évêques ? Reste le parlement, qui, par l'histoire aussi bien que par la loi, est, en matière religieuse comme en matière civile et politique, le vrai souverain du pays ; mais se figure-t-on le parlement, ce parlement où siègent des membres de toutes les communions chrétiennes, occupé pendant plusieurs mois à réviser les trente-neuf articles et les deux mille prières de la liturgie ? Se figure-t-on un débat sur l'eucharistie, des amendemens sur l'invocation des saints et sur les miracles, un vote par division sur le surplis, sur les cierges et sur l'offrande ? Se figure-t-on toute l'ardeur, toute la tactique parlementaire, appliquées à de telles questions ? En vérité, cela est absurde, et il suffit d'une minute de réflexion pour se convaincre qu'en fait sinon en droit, l'intervention du parlement est aujourd'hui tout aussi impossible que celle de la reine ou de la convocation.

Que fallait-il faire alors, et comment terminer pacifiquement une querelle aussi vivement engagée ? C'est ce que se demandèrent les hommes raisonnables parmi les évêques. C'est ce que se demanda aussi le gouvernement. Voici, en définitive, comment on en sortit. En même temps que l'évêque de Londres et l'évêque d'Exeter défendaient envers et contre tous les nouvelles pratiques, d'autres évêques, l'évêque de Norwich, celui de Worcester, les blâmaient formellement, et attribuaient au puséisme la grande croisade du surplis et de l'offrande. A la demande du duc de Wellington, l'archevêque de Cantorbery, primat anglican, profita de cette circonstance pour adresser à son clergé une lettre un peu vague, mais sensée, et dans laquelle il prêchait la paix et l'union. Selon lui, « personne n'avait tort, puisque les uns tenaient à la lettre de la rubrique, les autres à son esprit et aux coutumes de l'église. Dans la rubrique d'ailleurs, tout n'était pas également clair, et l'on pouvait de très bonne foi adopter des interprétations diverses. Une réunion synodiale aurait seule autorité pour lever tous les doutes ; mais, cette réunion n'étant pas possible, il convenait de consulter avant tout l'usage établi, et de se conformer au vœu les populations. » Après avoir reçu cette lettre, l'évêque d'Exeter, par une lettre-circulaire, déclara que, « tout en conservant son avis sur la rubrique, il abandonnait, quant à présent, le surplis, et qu'il conseillait à son clergé de ne faire aucune innovation dans le service, sans s'assurer d'avance de l'assentiment du peuple. » L'évêque de Londres, avec moins d'éclat, donna les mêmes avis, et de ce grand mouvement, de ce grand bruit, il ne resta bientôt, à la surface du moins, qu'une légère agitation et quelques murmures lointains.

Cependant ce n'est point seulement le surplis qui succombait devant la robe noire, c'est aussi l'autorité épiscopale devant l'autorité des congrégations. Les évêques de Londres et d'Exeter avaient voulu imposer, non pas une liturgie nouvelle ; mais l'exécution stricte et rigoureuse de l'ancienne liturgie anglicane. Les congrégations avaient résisté au nom du principe protestant, de ce principe en vertu duquel la souveraineté religieuse appartient au peuple, non aux ministres de l'église, et les congrégations l'emportaient sur tous les points. C'est là un fait grave, d'autant plus grave qu'il est en opposition avec la vieille doctrine de l'église fondée par Henri VIII, par Édouard VI et par Élisabeth. D'après cette doctrine, l'église anglicane n'est pas infaillible comme l'église romaine et les livres saints, tels que les énumèrent les trente-neuf articles, sont la seule règle de foi, mais les livres saints interprétés par les évêques et par les ministres régulièrement ordonnés. Or, voici qu'au sein même de l'église anglicane une idée fort différente, l'idée puritaine, a prévalu ; voici qu'il est entendu qu'en tout ce qui concerne la rubrique et la liturgie, il faut, avant tout, consulter le vœu des populations. Les presbytériens de 1661 ne demandaient pas tant, quand Charles II refusa de les écouter et qu'ils furent contraints de donner leur démission.

La paix semblait ainsi rentrée dans l'église ; cependant, parmi les vainqueurs eux-mêmes, il existait certaines divisions qui, peu de temps après, faillirent rallumer la guerre. Voici à quelle occasion.

J'ai dit qu'en 1562 les trente-neuf articles avaient été rédigés à dessein d'une manière assez élastique, assez large, pour qu'ils pussent admettre des opinions et des tendances fort diverses. De là, au sein même de l'anglicanisme, une opinion moyenne qui, craignant d'être entraînée d'un côté ou de l'autre, s'efforce sans cesse de réprimer les envahissemens catholiques et les usurpations protestantes. C'est cette opinion qui, en 1836, s'était unie aux anglo-catholiques pour faire expulser de l'université le docteur Hambden, suspect de rationalisme ; c'est cette opinion qui, en 1843 et 1844, s'était associée aux protestans extrêmes, d'abord pour obtenir la suspension du docteur Pusey, puis pour empêcher le retour à l'ancienne rubrique. Encouragée par ce double succès, elle résolut de faire un pas de plus et de frapper un coup qui prévînt à l'avenir toute déviation, soit vers le catholicisme, soit vers le rationalisme. Un membre de l'école anglo-catholique, le plus exalté de tous, venait de publier un livre qui, pour la hardiesse les doctrines et pour la liberté du langage, dépassait de beaucoup les sermons du docteur Pusey et les traités de M. Newman. Dans ce livre, intitulé Idéal d'une Église chrétienne, M. Ward, ministre anglican et agrégé de l'université d'Oxford, n'hésitait pas à déclarer en toutes lettres que « la réformation anglaise était un misérable évènement, un évènement coupable qu'on devait envisager avec les sentimens d'une haine profonde et ardente. » Quant à l'église anglicane, dans son état actuel, il l'accusait « de n'avoir aucun système de discipline morale pour les pauvres ni pour les riches, de négliger tous ses devoirs comme gardienne de la moralité publique, aussi bien que comme conservatrice de l'orthodoxie, enfin d'être dénuée de tout caractère extérieur, et de vouloir se maintenir dans une position qui ne pouvait se défendre par aucun argument rationnel, historique ou ecclésiastique. » Puis, comparant l'église anglicane à l'église romaine, M. Ward donnait raison à celle-ci presque sur tous les points. Il se déclarait d'ailleurs prêt à souscrire chaque matin les trente-neuf articles, dans un sens non naturel, c'est-à-dire le sens qu'il lui plairait de leur attribuer mentalement.

Il était certes difficile qu'une déclaration si audacieuse, qu'une accusation si directe s'élevât du sein même de l'université sans que les dignitaires de cette université s'en préoccupassent. Le bureau des chefs de collége et des procureurs (heads of houses and proctors) arrêta donc qu'une convocation générale aurait lieu, et qu'il serait proposé à cette convocation : 1° de condamner le livre de M. Ward, 2° de dégrader M. Ward lui-même, s'il ne se rétractait pas. Toutefois, le bureau ne s'arrêta pas là, et il voulut profiter de l'occasion, d'une part pour condamner le traité 90 de M. Newman, de l'autre pour faire voter une résolution de laquelle il résulterait que « les trente- neuf articles doivent être souscrits honnêtement et dans leur sens grammatical. » Or, c'était commencer le feu non-seulement contre les anglo-catholiques, mais aussi contre les rationalistes ; c'était détruire l'espèce de liberté dont on avait joui jusqu'alors, et frapper l'évêque de Norwich aussi bien que l'évêque de Londres. Aussi les latitudinaires de toute couleur firent-ils promptement alliance, et protestèrent-ils avec énergie contre le nouveau test. D'un côté, le docteur Pusey sortit de son silence et écrivit une longue lettre pour combattre les résolutions proposées. La dernière surtout lui paraissait « une atteinte grave à la tolérance qui, depuis Laud avait prévalu au sein de l'église anglicane. Si une résolution pareille venait à passer, et si les trente-neuf articles : devaient désormais être souscrits dans leur sens littéral, il ne lui restait plus, comme à ses amis, qu'à faire scission et à se retirer de l'église. » D'un autre côté, un des membres puritains du clergé anglican ayant offert sa démission à l'évêque de Norwich, parce qu'il ne pouvait en conscience accorder aux trente-neuf articles une adhésion pleine, entière et sans réserve, l'évêque de Norwich lui répondit que, « vu le nombre et la nature des propositions contenues dans les trente-neuf articles, dans les homélies et dans le livre de prières, il était impossible que ces propositions fussent comprises de même par tout le monde. — Il y a là, ajoutait l'évêque de Norwich, une latitude reconnue à plusieurs reprises par les plus hautes autorités de l'église, constamment pratiquée, et que revendiquent aujourd'hui des hommes (les anglo-catholiques) bien plus éloignés que vous du véritable esprit du protestantisme. » L'évêque de Norwich, chef de la gauche dans l'épiscopat anglican, comme l'évêque de Londres est chef de la droite, refusait en conséquence d'accepter la démission qui lui était offerte.

C'est donc une double opposition, une double résistance que rencontrait le projet des chefs de collége et des procureurs de l'université d'Oxford. S'ils y persistaient, et si l'église y adhérait, il y avait danger d'un double schisme, d'un côté, pour se rapprocher de l'église romaine, de l'autre, pour grossir l'ancienne scission wesléienne. En présence d'un tel danger, Oxford recula, et le test fut abandonné avant le jour de la convocation. Voici d'ailleurs ce qui advint des autres propositions. Le livre de M. Ward fut condamné par 777 voix contre 386. M. Ward lui-même fut privé de ses degrés par 569 voix contre 511. Quant à la condamnation du traité 90, les procureurs, selon leur droit, usèrent de leur veto, et mirent fin à toute procédure.

Ainsi le nouveau test était écarté. Le traité 90 restait impuni. M. Ward n'était dégradé qu'à la faible majorité de 569 contre 511. Son livre enfin, ce livre si hostile au protestantisme, si favorable au catholicisme, obtenait 386 voix sur 1,163. De plus, parmi ces voix, on remarquait celles de M. Gladstone, de M. Courtenay, de M. Wilberforce et de beaucoup d'autres personnages distingués. Assurément, c'est là, au sein de l'église anglicane, un grave symptôme et le signe d'une décomposition imminente. Il convient d'ajouter que M. Ward d'abord, puis M. Newman, viennent tout récemment de prendre leur parti, et de se faire purement et simplement catholiques romains. C'est un évènement dont l'église anglicane se réjouit, parce que, selon elle, il doit ouvrir bien des yeux, éclairer bien des esprits. Au point de vue de son intérêt immédiat, l'église anglicane a raison ; mais se croit-elle bien en sûreté quand un si grand nombre de ses membres ont si peu de chemin à faire pour se trouver réunis à une autre église ?

Quoi qu'il en soit, voici quelle est aujourd'hui la position. Entre les diverses opinions qui, sur la foi d'une vieille transaction et d'habitudes établies, sommeillaient en paix au sein de l'église anglicane, le pacte est rompu, la guerre a recommencé. A l'une des extrémités, ce sont les anglo-catholiques se recrutant en général dans l'aristocratie, pleins d'ardeur et d'enthousiasme, pour qui il n'est pas d'église véritable sans épiscopat, sans tradition, sans symboles, sans cérémonies extérieures, et qui chaque jour se rapprochent davantage de l'église romaine. A l'autre extrémité, ce sont les évangéliques, dont la puissance réside surtout dans les classes moyennes fortement imbus des vieilles idées puritaines, pour qui l'église consiste fondamentalement dans l'assemblée des fidèles, qui se méfient de la tradition, qui détestent les symboles et les cérémonies comme un reste de superstitions papales, pour qui Rome est encore la prostituée de Babylone, et qui chaque jour font un pas vers les sectes dissidentes. Puis, au milieu, c'est le parti de l'église anglicane pur, parti plus politique que religieux, qui voudrait, tantôt par persuasion, tantôt par force, mettre un terme à de tristes dissidences, mais qui, quelque moyen qu'il emploie, de quelque côté qu'il se tourne, est également impuissant, s'il n'obtient pas l'aide au moins momentanée d'une des deux fractions opposées. Ajoutez que dans ce parti même il y a des dissentimens nombreux, les uns inclinant vers les anglo-catholiques, les autres vers les évangéliques. Ajoutez aussi qu'il se trouve placé entre deux impossibilités, celle de rendre à la liturgie son ancien prestige, et celle de la réformer. Jusqu'ici, on souscrivait les trente-neuf articles de confiance en quelque sorte, et sans savoir, sans se demander quelles pouvaient en être les contradictions et les ambiguïtés. Aujourd'hui, chacun sait qu'en souscrivant les trente-neuf articles, il souscrit les articles qu'on peut interpréter de diverses façons, et qui, s'accordant mal entre eux, s'accordent moins encore avec le livre de prières. Chacun sait, en outre, qu'à cernai il n'y a guère de remède, et que, par des raisons diverses, synode, convocation, autorité royale, autorité parlementaire, y échoueraient également.

J'ai insisté sur cette question, parce qu'il m'est impossible de ne pas y voir dans l'avenir plus encore que dans le présent une des plus grandes difficultés du gouvernement anglais. Dans chacune des trois contrées qui forment le royaume britannique, il existe une église établie, étroitement unie à l'état, et faisant partie de la constitution. Or, depuis long-temps une de ces églises, celle d'Irlande, est de fait une sorte de garnison ecclésiastique au milieu d'un pays ennemi. La seconde, celle d'Écosse, est, depuis deux ans, partagée en deux fractions presque égales et qui se font une guerre acharnée. Je viens de dire où en est la troisième et quels périls la menacent. Dans d'autres pays, là où domine l'esprit de tolérance, l'état n'aurait rien de mieux à faire, s'il le pouvait, que de se tenir en dehors de toutes ces querelles. En Angleterre, ni la constitution, ni les mœurs ne le permettent, et il faut, bon gré, mal gré, que l'état intervienne ; il faut qu'il intervienne au nom de principes que le temps a ruinés, à l'aide d'une autorité jadis très réelle, aujourd'hui presque nominale. Il est possible que pendant quelques années encore, avec beaucoup de prudence et de ménagemens, on parvienne à éviter la crise ; il est possible aussi qu'elle éclate d'un jour à l'autre, et que l'Angleterre en soit ébranlée jusque dans ses fondemens. On verra tout à l'heure quel effet produisit, peu de temps après les émeutes du surplis, une mesure bien simple, bien modeste, mais qui remuait le vieux levain protestant.

Il faut maintenant, avant d'arriver à la session de 1845, revenir sur nos pas, et examiner quelles modifications subirent, entre la clôture et l'ouverture du parlement, la question irlandaise et la question ministérielle.

L'arrêt de la cour des lords d'Angleterre était, il faut le dire, une bonne fortune inespérée pour O'Connell. Après avoir, une année durant, bravé, défié les lois et les légistes de l'Angleterre, le grand agitateur en prison ne pouvait, malgré tous ses efforts, empêcher que ses prédictions déjouées ne répandissent parmi ses partisans beaucoup de découragement et de doute. On avait beau publier chaque jour le bulletin de sa santé et de ses réceptions, on avait beau annoncer que les visites lui venaient de toutes parts, et qu'il jouait deux ou trois heures à la paume pour se tenir en haleine ; tout cela satisfaisait peu ceux qui, sur la foi de ces paroles, l'avaient cru si long-temps infaillible et inattaquable. Tout à coup un bateau à vapeur arrive qui annonce qu'O'Connell a dit vrai, et qu'il va être remis en liberté. A cette grande nouvelle, la population entière s'émeut, les cloches sonnent, des cris d'enthousiasme retentissent, des feux de joie s'allument, et en une minute l'autorité d'O'Connell est rétablie, plus forte et plus incontestable que jamais. Je ne saurais raconter ici toutes les circonstances, tous les détails, tous les épisodes de ce triomphe sans exemple. Ici c'est une longue, une immense procession qui, drapeaux et musique en tête, va chercher le libérateur dans sa prison et qui le reconduit à sa demeure ; là c'est une messe d'actions de graces célébrée par l'archevêque de Dublin lui-même dans l'église métropolitaine. Puis ce sont des banquets et des adresses où toutes les formules de l'adulation sont épuisées ; ce sont des sermons où la délivrance du Jacob irlandais est attribuée à l'intervention miraculeuse de la vierge Marie. En peu d'heures le mouvement se communique, comme par un effet électrique, d'un bout à l'autre du pays. On dirait que la nation tout entière se repent d'avoir un instant douté de son chef, et qu'elle veut, à force de dévouement et d'hommages, se faire pardonner cette erreur momentanée.

Grace à lord Cottenham, à lord Denman, à lord Campbell, O'Connell avait donc en un jour recouvré tout son pouvoir ; mais ce pouvoir, qu'en faire ? Là commençait pour lu une difficulté des plus sérieuses. Il est clair que l'Irlande attendait qu'il reprît l'agitation du rappel, et qu'il lui fit faire un pas de plus ; or, un pas de plus le conduisait à la révolte ouverte, et le sort de lord Édouard Fitzgerald, je l'ai dit précédemment, n'a rien qui tente O'Connell. Bien qu'il soutînt avec une assurance imperturbable que l'arrêt du jury et des juges de Dublin avait été cassé pour mal jugé au fond et non pour vice de forme, O'Connell d'ailleurs savait le contraire, et se souciait peu de recommencer l'épreuve. Après quelques hésitations, on le vit donc abandonner successivement le meeting monstre de Clontarf, qu'il avait d'abord promis, les tribunaux de paix institués par lui, et même le parlement au petit pied dont il menaçait depuis si long-temps l'Angleterre sous le nom de société préservatrice. Quant au rappel, il lui était impossible d'y renoncer : il essaya de le transformer. Depuis un an, plusieurs protestans, M. Sharman-Crawford entre autres et M. Grey-Porter, magistrat orangiste, s'étaient donné beaucoup de peine pour imaginer des plans qui laissassent à l'Irlande l'administration de ses affaires tout en maintenant l'union des deux pays, et ces plans, encore mal définis, semblaient ouvrir la porte à un accommodement. O'Connell, qui jusqu'alors les avait repoussés péremptoirement, se déclara prêt à les examiner et à les accepter, pour peu qu'ils fussent praticables. Il ajouta que, si les protestans voulaient la paix, il la voulait également, et qu'il consentait, dans la lutte nouvelle qui se préparait, à reconnaître pour chefs M. Grey-Porter, M. Sharman-Crawford et M. Hutchinson.

Au fond, entre le rappel pur et simple, tel qu'O'Connell l'avait toujours demandé, et le rappel fédéraliste, tel qu'il semblait s'y rallier, la différence était plutôt nominale que réelle. Il est bon d'ajouter, en revanche, que les mêmes difficultés, les mêmes impossibilités existaient pour l'un et pour l'autre. De quelques mots que l'on se serve, il faut que le parlement irlandais ait ou n'ait pas le droit d'influer par ses votes, au même titre que le parlement anglais, d'une part sur le choix du pouvoir exécutif, de l'autre sur les questions religieuses, sociales, politiques, qui font la vie et la grandeur des états. S'il a ce droit, c'est une séparation véritable ; s'il ne l'a pas, une complète abdication. Or, pas plus que MM. Grey-Porter et Sharman-Crawford, O'Connell ne veut d'une séparation qui rallumerait entre les deux pays, entre les deux peuples, une guerre acharnée. Pas plus qu'O'Connell, MM. Grey-Porter et Sharman-Crawford ne veulent d'une abdication qui replacerait l'Irlande dans la condition dépendante où elle était avant 1782. Pour ceux-ci comme pour celui-là, il y avait donc non pas une question de principe à vider, mais une question de fait à résoudre. Quand il invitait les fédéralistes à produire leur plan, au lieu de produire le sien propre, O'Connell agissait avec habileté, puisque d'une part il gagnait du temps, et que de l'autre il rejetait sur M. Grey-Porter et M. Sharman-Crawford une charge dont il connaissait toute la pesanteur. De plus, il se montrait conciliant, et pouvait peut-être gagner à sa cause certains protestans d'Irlande, quelques réformistes d'Angleterre.

J'en ai dit assez pour faire comprendre que la conduite d'O'Connell à cette époque pouvait se justifier par de très bonnes raisons. Il n'en est pas moins vrai qu'il faisait, en apparence au moins, un pas en arrière, et qu'il trompait ainsi l'attente universelle. Aussi la portion la plus jeune, la plus énergique, la plus convaincue de l'association, n'hésita-t-elle pas à entrer en lutte avec lui. La raison en est simple. Quand O'Connell disait que les deux pays devaient rester unis par le moyen d'un seul pouvoir exécutif et du lien doré de la couronne, O'Connell disait sa pensée ; mais la Jeune Irlande, plus conséquente, plus hardie, avait toujours été plus loin que son chef, et vu dans le rappel une séparation absolue. Pour elle, la substitution du rappel fédéraliste au rappel pur et simple était donc un changement grave, et presque une trahison. De ce côté par conséquent, O'Connell, retiré

momentanément à Derrynane, eut à subir, à repousser de violentes
attaques. D'un autre côté, les gens sensés en Angleterre ne tombèrent pas
dans le piége, et s'aperçurent facilement que les deux rappels étaient frères.
Enfin, MM. Grey-Porter et Sharman-Crawford mirent au monde des
projets si informes, si absurdes, si impraticables, que, malgré une demi-
adhésion de M. Sturge, un rire général les accueillit, à Dublin comme à
Londres. O'Connell alors jugea qu'il était temps de faire volte-face, et de
jeter à l'eau M. Grey-Porter et M. Sharman-Crawford. Tout à coup donc on
le vit reparaître à College-Green, la tête ornée d'un bonnet d'une forme
originale, et recommencer, avec sa verve ordinaire une nouvelle campagne,
dans laquelle ni les libéraux anglais, ni la jeune Irlande, ni les journaux de
Paris ne furent épargnés. Quant au rappel fédéraliste, que depuis un mois il
traitait avec tant de respect, avec tant de ménagement, voici tout
simplement comment il s'en débarrassa. « Je vais, dit-il en se tournant l'un
air goguenard vers son auditoire, je vais vous dire un secret. Le rappel
fédéraliste ne vaut pas cela. » En prononçant ces derniers mots, il fit claquer
ses doigts comme un écolier, et se rassit au bruit des rires et des
applaudissemens.

Il faut en convenir, la façon était un peu leste, et dut assez mal réussir,
surtout auprès des fédéralistes et de ceux qui, en Angleterre et en Ecosse,
avaient pris au sérieux la dernière démonstration d'O'Connell. Elle ne
réussit guère mieux auprès de la jeune Irlande, qu'O'Connell avait fort
attaquée tout en lui cédant. En reprenant la vieille bannière du rappel, le
grand agitateur retrouvait d'ailleurs en face les adversaires qu'il avait voulu
désarmer, les embarras auxquels il avait tenté d'échapper. C'était, en
somme, une mauvaise campagne. Cependant dans une autre question, celle
des dons et legs charitables (bequests-bill), il fit une faute bien plus grave,
une faute dont, à l'heure qu'il est, il ne s'est pas tout-à-fait relevé. Ce bill,
ainsi que je l'ai dit, avait pour objet de régulariser, de faciliter les fondations
catholiques en les faisant examiner par une commission mixte, au lieu de les
soumettre, comme par le passé, à une commission exclusivement
protestante. Quelques évêques néanmoins, à l'instigation d'O'Connell,
l'avaient repoussé comme insuffisant et injurieux pour l'Irlande, et depuis ce
moment O'Connell lui-même ne cessait d'appeler sur ceux qui feraient
partie le l'infame commission toute la haine et toutes les vengeances
nationales. Néanmoins l'archevêque de Dublin, l'archevêque d'Armagh et
l'évêque de Killaloe crurent devoir, sans s'arrêter aux déclamations
d'O'Connell, accepter les fonctions que le gouvernement anglais leur offrait.
Cela prouvait que pour cette fois l'autorité d'O'Connell fléchissait, et qu'une
portion au moins du clergé était près de lui échapper. Il paraissait donc
prudent, sinon de se dédire, du moins de se taire, et de détourner l'attention
publique sur quelque autre question. Au lieu de cela, O'Connell irrité
s'emporta, menaça, et s'efforça d'obtenir par la peur la démission des trois

évêques. A l'entendre, tout bon Irlandais, tout vrai catholique devait manifester publiquement son horreur pour un bill qui établissait un premier lien entre l'église catholique et l'état, qui mettait les évêques en rapport avec le vice-roi, qui conduisait infailliblement à l'asservissement du clergé, d'abord au moyen du salaire, ensuite par un concordat. Puis, pour ajouter à l'effet de ses discours, il prétendit que dès à présent une négociation était ouverte avec le pape à l'effet d'arranger d'un commun accord la double question du salaire et de la nomination des évêques. Il prétendit de plus que la cour de Rome avait le tort de prêter l'oreille à de telles propositions, ainsi que le prouvait une lettre de la propagande adressée à l'archevêque d'Armagh contre l'agitation du rappel ; « mais, ajoutait-il, ce n'est point là un document canonique, et comme, dans tous les cas, il s'agit des droits civils et politiques de l'Irlande, le document est sans valeur. » Il terminait en déplorant la complaisance de quelques évêques en présence de ce premier coup porté à l'indépendance nationale. « Le danger était considérable, et le schisme imminent. Il ne fallait rien moins pour le conjurer que le zèle et le dévouement de tous les vrais patriotes. »

Maintenant, quel fut le résultai de cette levée de boucliers ? Un des évêques, l'évêque de Killaloe, fut effrayé, et, comme l'espérait O'Connell, se retira de la commission ; mais les deux autres, hommes bien plus importans, persistèrent courageusement, et un troisième s'adjoignit à eux. La commission de dix membres se constitua donc, et comprit dans son sein cinq catholiques, dont trois évêques, selon le vœu du parlement. Aux injures, aux menaces dirigées contre eux, les trois évêques répondirent avec calme, mais avec fermeté. Dans une lettre pastorale remarquable, l'archevêque de Dublin, le docteur Murray, tout en regrettant d'être en dissidence avec beaucoup de ses collègues, déclara que, si imparfait qu'il fut, le bill avait un but utile, et qu'il ne voulait, pas, quant à lui, perdre l'occasion de mettre en sûreté le bien des pauvres, et de réaliser les intentions bienveillantes de quelques ames pieuses En même temps cinquante prêtres du diocèse de Dublin signèrent une adresse à leur évêque pour s'indigner des calomnies propagées contre lui, et pour lui promettre leur appui contre ce nouveau despotisme. Quant à la lettre de la propagande, dénoncée par O'Connell, l'archevêque d'Armagh soutint qu'elle était parfaitement canonique, et, pour le prouver, en produisit, non pas une seule, mais deux, écrites l'une en 1839, l'autre en 1844, et qui, l'une comme l'autre, engageaient formellement le clergé irlandais à ne pas se mêler de politique. Ces deux lettres, communiquées aux évêques assemblés, furent reçues par eux avec toute la déférence convenable, et inscrites respectueusement sur leur registre.

A cette réponse si simple et si péremptoire, O'Connell, hors de lui-même, poussa un cri de détresse et d'alarme. A l'en croire, l'église catholique, aussi bien que la liberté, allait périr en Irlande, si les lettres du pape trouvaient obéissance. Ces lettres, en effet, portaient atteinte à l'indépendance du clergé, et empiétaient sur les droits des citoyens. Dans sa colère, O'Connell alla, comme eût pu le faire un orangiste, jusqu'à invoquer les vieilles lois protestantes qui défendent de publier en Angleterre aucune injonction papale. « Le pape, répéta-t-il d'ailleurs à plusieurs reprises, n'a aucune autorité temporelle en Irlande, et ne peut, sans usurpation, se mêler du rappel. » Il est inutile d'ajouter que, fidèle à son vocabulaire habituel, il poursuivait les plus injurieuses épithètes tous ceux qui ne partageaient pas son avis.

De telles maximes, un tel langage, n'étaient point faits pour rétablir la paix parmi les catholiques et pour rallier autour d'O'Connell les sept millions l'hommes qui, obéissant à toutes ses inspirations, semblaient, l'année précédente, n'avoir qu'un cœur et qu'une voix. D'un autre côté, la jeune Irlande, avec une ironie assez amère, lui conseillait de s'en tenir au rappel, et de ne pas intervenir dans les questions religieuses, qui ne lui avaient attiré que des déboires. En même temps les feuilles anglaises de toute couleur s'amusaient de sa querelle avec les évêques et faisaient ressortir la mobilité, l'inconséquence de ses opinions. Restait l'argument d'un concordat avec le pape qui troublait également, dans le clergé catholique, ceux qui restaient fidèles à O'Connell et ceux qui se séparaient de lui cet argument fut enlevé à l'agitateur par une lettre du lord-lieutenant, qui déclara que rien de semblable n'était sur le tapis. A partir de ce moment, l'affaire du bill des fondations et legs charitables cessa en réalité d'agiter le pays. Il y eut bien encore, pour et contre, des discours, des écrits, des meetings ecclésiastiques ou laïque. Il y eut dans quelques paroisses, comme pour le surplis en Angleterre, de petites émeutes contre les prêtres adversaires d'O'Connell. Il y eut des lettres d'évêques, celles-ci à O'Connell lui-même, celles-là à sir Robert Peel, plus ou moins violentes, plus ou moins injurieuses. II n'en resta pas moins démontré qu'O'Connell n'était plus maître absolu de l'Irlande, et qu'au sein même du clergé catholique il existait contre ses exagérations un point d'appui large et solide ; il n'en resta pas moins démontré aussi qu'un gouvernement sage pouvait trouver là une force considérable.

En somme, depuis sa sortie de prison, O'Connell n'avait guère éprouvé que des échecs. De tout ce qu'il avait successivement annoncé, les meetings-monstres, la réunion des trois cents gentilshommes irlandais, l'accusation même contre ses juges, il ne restait qu'un souvenir peu sérieux, et il venait de succomber dans une lutte malhabilement engagée avec une portion du clergé catholique sur un terrain mal choisi. Quant au rappel si souvent promis à jour fixe, si l'on en juge par un thermomètre assez certain, celui de la rente, il n'était en progrès. La rente du rappel avait été de 65,000 liv. sterl. en 1843-44, et le tribut O'Connell de 28,000 liv. sterl. Or, le tribut semblait en 1844-45, devoir atteindre la même somme, mais la rente baissait notablement, malgré l'accession de quelques protestans distingués, entre autres de M. Hutchinson. Quant au singulier projet l'une union intime entre tous les Irlandais, catholiques et orangistes, il s'était à peu près borné à quelques agaceries sans conséquence entre l'association et le Warder, journal orangiste, et à une scène assez ridicule dans laquelle il vint à M. O'Connell et à M. Tresham Gregg l'idée subite de se jurer une éternelle amitié. Enfin le nouveau lord-lieutenant, lord Heytesbury (William A-Court), qui en juin 1844 avait succédé lord de Grey, employait à fomenter les divisions catholiques ses talens diplomatiques bien connus. Grace aux fautes d'O'Connell, grace aussi à l'habileté du gouvernement, l'échec du procès était donc à peu près réparé, et la situation de l'Irlande paraissait moins menaçante. Au fond, pourtant, aucune difficulté n'avait été résolue, et pour rallumer la guerre de la race irlandaise contre la race saxonne, du catholicisme contre le protestantisme, de la pauvreté contre la richesse, il ne fallait qu'un instant. Déjà, même dans le comté de Tipperary des désordres venaient d'éclater, désordres non politiques, mais qui n'en avaient que plus de gravité. Tout le monde attendait avec impatience, avec anxiété, les mesures que prendrait sir Robert Peel à l'ouverture du parlement, et l'usage qu'il ferait de son succès.

Après quelques mois de grande agitation, la question religieuse, la question irlandaise, s'étaient donc, momentanément du moins, apaisées et pacifiées ; mais la question parlementaire restait la même et offrait les mêmes dangers. Je ne parle point de la ligue, qui toujours, sous la direction de MM. Cobden et Wilson, étendait ses ramifications, disciplinait son armée, grossissait son trésor et faisait jusque dans la haute aristocratie des conquêtes inattendues, celle, par exemple, du marquis de Westminster. Je ne parle pas des whigs et des radicaux, qui, unis et divisés à la fois, suspendaient leurs querelles intestines lorsqu'il s'agissait de combattre le ministère. Je parle surtout de la majorité ministérielle de 1842, que les dernières sessions avaient ébranlée, et dont les déchiremens intérieurs augmentaient chaque jour. Ainsi, peu de jours après la session, lord Wharncliffe, président du conseil, ayant, dans un meeting à Barnsley, traité la question de l'éducation publique et manifesté une tendance fortement laïque, ce fut, dans la fraction ultra-tory un redoublement de gémissemens et d'imprécations. Ainsi encore, le bruit s'étant répandu à Dublin que sir Robert Peel préparait une mesure fort libérale sur le séminaire catholique de Maynooth et sur l'université irlandaise, neuf évêques protestans sur quatorze protestèrent contre de tel projets, et furent vivement soutenus par un portion notable de la population. La question du bill de dix heures et de la situation des populations industrielles continuait aussi à agiter le pays, et donnait lieu à de singuliers déplacemens d'influences et de votes. A Birmingham, chef-lieu du radicalisme, un tory, M. Spooner, avait été élu à 300 voix de majorité contre M. Scholefield, candidat whig, et M. Sturge, candidat radical, parce qu'il promettait de voter pour le bill de dix heures. Sur plusieurs points du territoire enfin, on voyait se former les associations pour améliorer la demeure des pauvres ouvriers, pour leur fournir les bains gratuits, pour leur donner la jouissance d'un petit coin le terre, pour créer en leur faveur des promenades bien aérées, associations excellentes en soi, mais que le parti ministériel dissident exploitait avec habileté et opposait au tendances, selon lui, trop manufacturières de sir Robert Peel.

Il est inutile de dire que dans ce mouvement anti-ministériel et anti-manufacturier la jeune Angleterre, qui alors reconnaissait encore pour chef M. d'Israëli, ne manqua pas de se signaler. Un jour, à Manchester, elle se rencontrait sur un terrain neutre, celui de la fondation d'un athénée populaire, avec les chefs de la ligue, et présentait le curieux spectacle de M. Smythe et M. Cobden, de lord John Manners et M. Gibson, assis fraternellement l'un à côté de l'autre, sous la présidence de M. d'Israëli, et rivalisant d'ardeur pour l'amélioration du sort des classes ouvrières. Le lendemain, elle se transportait à Bingley pour célébrer, sous la présidence de M. Bushfield-Ferrand, l'établissement de petits jardins au profit des ouvriers, et pour procéder à l'installation d'un cricket-club (le cricket est une espèce de paume). Joignant l'exemple au précepte, M. Ferrand et lord John Manners débutaient par faire publiquement ensemble une partie de cricket, après quoi lord John Manners, dans un discours fleuri, célébrait ce beau jeu comme un lien harmonieux entre l'aristocratie et le peuple, et faisait des vœux pour qu'il pût, par toute l'Angleterre, fortifier les corps et rapprocher les cœurs. Tout le monde déplorait donc la misère des classes pauvres et offrait son remède : la ligue, l'abolition des lois des céréales et de toutes les prohibitions commerciales ; les tories philanthropes, l'abréviation du temps du travail et quelques mesures charitables ; la jeune Angleterre, la création de petits jardins et le jeu de cricket. Tout cela n'était pas également sérieux, également praticable ; mais tout cela annonçait de prochains orages et promettait à sir Robert Peel une session difficile.

Une autre circonstance venait compliquer la situation, et obliger sir Robert Peel à prendre un parti définitif. C'est en 1845 qu'expirait l'income-tax, et que sir Robert Peel devait ou la laisser tomber, ou en demander le renouvellement. Or, le produit des impôts, insuffisant en 1843, avait été satisfaisant en 1844, et présentait en 1845 un excédant considérable. Il ne manquait donc pas, parmi les tories comme parmi les whigs, de conseillers bienveillans ou malveillans qui suppliaient sir Robert Peel de renoncer à une taxe aussi injuste que pesante, ou qui le menaçaient d'un échec infaillible, s'il persistait à l'imposer an pays.

Au milieu de tout cela, plus solitaire, plus réservé que jamais, sir Robert Peel gardait un silence absolu, et ne laissait soupçonner à personne quels pouvaient être ses projets. Si je suis bien informé, quelques-uns de ses collègues même ne les connaissaient pas complètement, et attendaient, comme le public qu'en présence du parlement assemblé la lumière se fît. Trois jours avant la session, une modification eut pourtant lieu dans le cabinet, qui, aux yeux les moins clairvoyans, parut présager de graves déterminations. Depuis quelques mois déjà, le ministre des colonies, lord Stanley, avait passé de la chambre des communes à la chambre des pairs ; et, comme il arrive toujours, l'opinion publique n'avait pas manqué d'expliquer cette mutation par un dissentiment ministériel. Rien n'était moins fondé, et l'on sut bientôt que lord Stanley allait tout simplement à la chambre des lords pour y aider le duc de Wellington et lord Lyndhurst, vieux et infirmes l'un et l'autre, à porter le poids de la direction politique. La retraite de sir Edward Knatchbull était un peu plus significative, bien qu'elle pût s'expliquer par l'âge et par les fatigues de la vie publique ; mais ce fut tout autre chose quand on apprit qu'à la veille de la session, le plus jeune membre du cabinet, M. Gladstone, quittait le ministère du commerce et se séparait de ses collègues. Comme homme d'affaires et comme orateur, M. Gladstone était le premier après sir Robert Peel, et, si celui-ci venait à faillir, son successeur désigné. Ce ne pouvait être sans de graves motifs qu'en rompant avec un tel homme, le cabinet s'exposait à donner un chef aux tories dissidens. Or, personne n'ignorait que vers 1839 M. Gladstone, encore fort jeune, avait publié un livre intitulé l'Église et l'État, où il soutenait « que l'état devait, comme un particulier, avoir une conscience religieuse, et qu'il ne pouvait directement ou indirectement favoriser les progrès de l'erreur. » Personne n'ignorait qu'en conséquence il s'était prononcé à plusieurs reprises contre l'abolition des tests religieux et contre les subventions aux cultes autres que le culte anglican, notamment contre la subvention de Maynooth. La retraite de M. Gladstone semblait dès-lors aussi importante en 185 que l'avait été en 1842 la retraite du duc de Buckingham. Le duc de Buckingham s'était retiré alors pour ne point participer à l'abandon des vieux principes commerciaux ; M. Gladstone se retirait pour ne prendre aucune part à l'abandon des vieilles doctrines religieuses. Rien ne paraissait plus clair et plus certain. M. Gladstone fut, on le sait, remplacé par lord Dalhousie, qui devint président du bureau de commerce, sans siége au cabinet. Comme en même temps la mort du comte de Saint-Germain appelait son fils, lord Elliott, à la pairie, il cessa d'être secrétaire pour l'Irlande. Le secrétaire pour la guerre, sir Thomas Freemantle, lui succéda, et eut lui-même pour successeur un jeune homme distingué, M. Sydney-Herbert.

C'est donc privé de l'appui immédiat de lord Stanley et séparé de M. Gladstone que sir Robert Peel, avec un ministère en partie renouvelé, se présentait et faisait face à l'orage. C'est à peu près réduit à ses propres forces qu'il levait résoudre, provisoirement du moins., la question financière, la question religieuse, la question irlandaise. C'est en face d'ennemis ardens et entouré d'amis tièdes ou mécontens qu'il était appelé à livrer un combat décisif, un combat qui, s'il n'en sortait pas tout-à-fait victorieux, ne pouvait manquer de précipiter sa chute. Je ne sache pas dans l'histoire parlementaire anglaise un moment plus critique pour un ministre, une position plus grande à la fois et plus périlleuse.

III.

Les formes anglaises sont beaucoup plus expéditives que les nôtres, et permettent d'entrer promptement en matière. Dès les premiers jours de la session, sir Robert Peel put donc commencer la campagne en présentant tous ses plans financiers. On se souvient qu'en 1842, en même temps qu'il établissait l'income-tax pour trois années, sir Robert Peel avait, avec beaucoup de hardiesse et de succès, remanié tout le tarif des douanes et remplacé la plupart, des droits prohibitifs par des droits qui ne dépassaient pas 20 pour 100. Selon lui, l'accroissement de consommation devait en peu de temps faire remonter le produit des douanes au taux ancien, et le parlement, dès-lors maître de ses décisions, pourrait facilement, au bout des trois années, prolonger la durée de l'income-tax ou la supprimer entièrement. En 1843, ces brillantes prévisions purent démenties, et pour couvrir le déficit des douanes et de l'accise, il fallut que le produit de l'income-tax dépassât toutes les espérances ministérielles et s'élevât à 5,500,000. liv. st., au lieu de 3,775,000 liv. st. En 1844, il en fut autrement, et sir Robert Peel put annoncer au parlement que le revenu excédait la dépense de 1,500,000 liv. sterl. environ. Néanmoins, dans la fixation du budget de 1844-45, il crut devoir maintenir toutes les taxes établies, à l'exception du droit sur la laine et du droit sur le verre, qui furent notablement réduits ; mais ces surtout dans l'année 1844-45 qu'un progrès marqué se manifesta. Ainsi, en deux ans, le produit des douanes monta de 19,000,000 liv. sterl. à 22,500000 liv., le produit de l'accise de 13,000,000 liv. sterl. à 13,500,000 liv. De là, sur un revenu de 54,000,000 liv. sterl. un excédant le 3,347,000 liv., qui, au moyen de quelques recettes extraordinaires, devait s'élever à 5,000,000 livres.

Dans cette situation florissante, voici comment sir Robert Peel établit son budget pour l'année 1845-46. Il supposa que les douanes devaient produire 22,000,000 liv. sterl., l'accise 13,500,000 livres, les droits de timbre 7,100,000 livres, la taxe foncière et autres taxes (assessed taxes) 4,200,000 livres, les postes 700,000 livres, les propriétés de la couronne 150,000 livres, les recettes diverses 250,000 livres : en tout, sans l'income-tax, 47,900,000 liv. sterl., et 48,500,000 livres en ajoutant 600,000 livres à payer par la Chine. Or, les dépenses ordinaires, d'après le budget précédent, s'élevaient pour le service de la dette publique à 30,850,000 liv. sterl., pour services divers à 17,700,000 livres, en tout, 48,550,000 livres. A la rigueur, on pouvait donc supprimer l'incorne-tax ; mais c'était se mettre à la merci de la plus légère crise au dedans, de la plus petite complication au dehors. Ne valait-il pas mieux, d'une part, ajouter à la force du pays, de l'autre continuer la grande épreuve de 1842 ? Sir Robert Peel fut de cet avis, et proposa : 1° de maintenir pour trois ans encore l'income-tax et d'élever par ce moyen le revenu présumé à 53,700,000 liv. sterl. ; 2° d'allouer au budget de la marine 6,936,000 livres, c'est-à-dire 1,000,000 liv. de plus que l'année précédente, au budget de la guerre 8,320,000 livres, et aux autres services 3,200,000 livres, ce qui fixait à 49,690,000 livres, dette publique comprise, le chiffre des dépenses ordinaires ; 3° de disposer des excédans, d'une part en supprimant tous les droits à l'exportation, y compris le droit sur la houille, et tous les droits sur les matières brutes nécessaires à l'industrie ; de l'autre, en abaissant considérablement une foule de droits à l'importation. D'après ce plan, quatre cent trente articles jusqu'alors imposés étaient affranchis de toute taxe, notamment la soie brute, le chanvre et le coton. Le droit sur les sucres était réduit de 10 sh. par quintal. De plus, deux taxes très pesantes pour le pauvre, les taxes sur les ventes publiques et sur le verre, étaient absolument supprimées. Sir Robert Peel calculait que le trésor devait perdre

Livres sterling
Sur le sucre 1,300,000
Sur la houille      118,000
Sur quatre cent trente articles divers  320,000
Sur le coton         680,000
Sur les ventes publiques      250,000
Sur le verre 640,000

en tout 3,308,000 liv. sterl., c'est-à-dire une somme à peu près égale au surplus présumé. Assurément la tentative était hardie, mais elle était grande, et tout annonçait qu'elle serait non moins salutaire, non moins féconde que celle de 1842. A cette époque comme aujourd'hui, on prétendait que les facultés contributives du pays, atteintes par l'income-tax, iraient sans cesse diminuant, et que le trésor perdrait d'un côté tout ce qu'il gagnerait de l'autre. Quelque spécieux que fût l'argument, l'expérience l'avait jusqu'à ce jour complètement démenti. Encore trois ans de persévérance, et la question serait définitivement jugée ; le parlement pourrait dire alors si le gouvernement avait bien ou mal entendu les vrais intérêts du pays.

J'ai réduit aux termes les plus simples le magnifique exposé que fit à cette occasion sir Robert Peel, exposé qui dura trois heures, et qui, d'un bout à l'autre, excepté lorsqu'il annonça une augmentation d'un million pour la marine, fut accueilli par des acclamations réitérées et à peu près unanimes. Au dehors, l'effet fut plus grand encore, plus général, et surtout plus durable. Deux jours en effet ne s'étaient pas écoulés avant que, revenus de la première surprise, whigs et tories se demandassent quel rôle sir Robert Peel leur faisait jouer, et s'ils pouvaient lui prêter assistance, ceux-là contre leurs intérêts de parti, ceux-ci contre leurs vieux principes ; cependant l'opinion publique se prononçait avec une telle force, avec un tel ensemble, que, pour les whigs comme pour les tories, la résistance devenait difficile. Partout sur les murs de Londres le free trade budget (budget du commerce libre) apparaissait en gros caractères, et, de toutes les villes industrielles du royaume, chaque courrier apportait les adhésions les plus vives et les plus significatives. Force était donc aux whigs de louer et d'aider leurs adversaires, aux tories de faire un pas de plus dans la voie, si long-temps détestée par eux, de la liberté commerciale. Sans nier la grandeur et la hardiesse du plan de sir Robert Peel pris dans son ensemble, les whigs résolurent néanmoins d'en attaquer quelques parties, l'income-tax notamment ; mais, comme l'income-tax et la réforme commerciale tenaient l'une à l'autre par un lien indissoluble, les whigs, après quelques passes d'armes plus ou moins heureuses, finirent par voter toutes les deux. Il n'y eut, à vrai dire, de débat sérieux que sur un amendement de M. Buller, qui proposait d'établir entre les revenus territoriaux et les revenus professionnels ou industriels une distinction équitable. A ce sujet, plusieurs orateurs, M. Sheil notamment, attaquèrent vivement la taxe comme immorale, comme injuste, comme pernicieuse, et lord John Russell reconnut la nécessité d'en modifier l'assiette, si elle était maintenue. L'amendement de M. Buller n'en fut pas moins rejeté par 240 voix contre 112, et la taxe elle-même en définitive passa presque sans opposition. « Il est déplorable, disaient le lendemain quelques journaux le nuances diverses, de voir sir Robert Peel obtenir ainsi tout ce qu'il veut. Sa force est dans la connivence des libéraux et dans le découragement des tories. » Dans ce jugement un peu chagrin, ces journaux n'oubliaient qu'une chose, c'est que le découragement des tories, aussi bien que la connivence des libéraux, avait une même origine, la satisfaction générale et l'approbation hautement donnée par le pays au projet du premier ministre.

Dans ce projet pourtant, il y avait une partie vraiment faible. J'ai dit plus haut comment, en 1844, sir Robert Peel, tout en réduisant les droits différentiels sur les sucres, avait trouvé le moyen de ménager l'intérêt colonial et de capter quelques voix abolitionnistes ; Depuis ce moment, la fameuse distinction entre le sucre produit du travail libre et le sucre produit du travail esclave avait reçu un coup dont il paraissait difficile qu'elle se relevât. Un beau jour, un navire de Venezuela était entré à Liverpool apportant une cargaison de sucre, et demandant, en vertu d'un traité qui assure aux produits de Venezuela le traitement des nations les plus favorisées, que ce sucre fût admis au droit réduit de 34 shel. Or, Venezuela est un état à esclaves, ce qui n'empêcha pas le gouvernement de faire, bon gré, mal gré, droit à sa réclamation. Après un tel exemple il semblait que sir Robert Peel n'eût plus qu'à reconnaître qu'il s'était trompé ; il n'en fit rien, et, dans son nouveau tarif des sucres, la distinction fut maintenue. D'après ce tarif, les sucres étrangers produit du travail esclave restèrent frappés d'un droit prohibitif, tandis que le sucre colonial n'avait plus à acquitter que 14 shel. au lieu de 24, et le sucre étranger produit du travail libre, que 23 shel. au lieu de 34. Dans le naufrage de toutes leurs espérances, une telle mesure était pour les whigs une planche de salut dont ils ne manquèrent pas de se saisir. Après une motion radicale le M. Gibson, qui proposait d'égaliser tous les droits sur les sucres coloniaux et étrangers, motion rejetée par 217 voix contre 84, lord John Russell, au nom de l'opposition tout entière, vint donc demander à la chambre de déclarer illusoire et impraticable toute distinction entre le sucre libre et le sucre esclave. Lord John Russell n'eut pas de peine à démontrer qu'il y avait dans une telle distinction absurdité et hypocrisie : absurdité, puisqu'en présence de traités comme celui de Venezuela, il était impossible le la mettre en pratique ; hypocrisie, puisque la mesure ne s'appliquait point aux autres produits du travail esclave, tels que le coton, le tabac et le café, puisqu'en outre, en ce qui concerne le sucre esclave même, ou trouvait bon que ce sucre fût importé sous caution pour être raffiné en Angleterre, puis réexporté et vendu. Lord John Russell en concluait avec raison qu'il ne fallait voir dans le projet ministériel qu'un moyen habile de maintenir le monopole tout en ayant l'air de le supprimer et de plaire à la fois aux planteurs et aux abolitionnistes. Il demandait au parlement de ne pas se prêter.à une telle jonglerie. Après lord John Russell vint M. Macaulay, qui, dans un discours substantiel, énergique, irrésistible, fit bonne et pleine justice des sophismes ministériels. « L'Angleterre, s'écria-t-il, déteste l'esclavage, mais elle « ne se croit pas chargée de réformer la législation intérieure des autres pays. Qui empêche, si l'on entre dans une telle voie, qu'un beau jour l'empereur de Russie ne dise à l'Angleterre : Je ne prendrai vos étoffes que si vous adoucissez le sort si déplorable de vos classes ouvrières ? — Qui empêche que, de son côté, l'Angleterre ne dise à l'empereur de Russie : Je ne prendrai votre chanvre que si vous affranchissez vos serfs ? Tout le monde sait d'ailleurs que l'esclavage est cent fois pire aux États-Unis d'Amérique qu'au Brésil. Et pourtant l'Angleterre ne se fait point scrupule de consommer le coton ou le tabac des États-Unis. Qu'on en finisse donc avec toute cette hypocrisie, et qu'on cesse de couvrir de ridicule la philanthropie anglaise, cette philanthropie si rigide pour le sucre, si accommodante pour le coton et le tabac ! Qu'on le sache bien d'ailleurs, en s'y prenant ainsi, on risque de mettre partout l'esclavage sous la protection d'un mot sacré, celui de l'indépendance nationale. Peut-être cela est-il indifférent à ceux qui, après avoir si long-temps défendu cette odieuse institution, affectent aujourd'hui de s'en faire les adversaires fanatiques ; mais les amis sincères de l'humanité doivent se méfier d'une telle tactique et ne pas sacrifier à de vains prétextes les vrais principes et le bien-être des classes pauvres. »

Il faut le dire, à ces raisons tout-à-fait décisives, M. Goulburn, sir James Graham, M. Gladstone, sir Robert Peel lui-même, n'opposèrent pas un argument passable ; mais le vote répondit pour eux, et l'amendement de lord John Russell fut rejeté à 236 voix contre 142. Quant au reste du plan financier, c'est à peine s'il souleva quelques objections de détails.

Ainsi, au grand désappointement de ses adversaires, au plus grand regret d'une portion de ses amis, sir Robert Peel, par la hardiesse de ses mesures, par la fermeté de son attitude, venait, en peu de jours, d'achever presque sans difficulté une grande révolution financière, et d'en préparer une plus grande encore. Aux vieux adversaires de M. Huskisson et de la liberté commerciale, il avait, deux fois en trois ans, fait voter des réformes qui eussent effrayé M. Huskisson, et qui faisaient faire à la liberté commerciale un pas considérable. Il avait en même temps enlevé à l'opposition ses meilleures armes et ses plus puissans moyens d'action sur les classes industrielles. C'était un succès considérable et qui semblait rendre à sir Robert Peel tout le terrain qu'il avait perdu ; néanmoins ce succès, tout en déconcertant les ennemis patens ou secrets du premier ministre, les irritait davantage et lui préparait, dans les questions qui restaient à résoudre, de nouvelles difficultés. Il fut aisé de s'en apercevoir à l'âpreté avec laquelle sir Robert Peel fut personnellement pris à partie dès que l'occasion s'en présenta. Ainsi, vers la fin de la dernière session, un membre radical, M. T. Duncombe, s'était plaint avec grande raison que les lettres de quelques réfugiés italiens, de M. Mazzini notamment, et ses propres lettres, eussent été ouvertes à la poste. Sans avouer comme sans nier le fait, le ministre de l'intérieur, sir James Graham, après de très vifs débats, avait consenti à ce que les droits et la conduite du gouvernement dans cette circonstance fussent soumis à un comité secret de neuf personnes, dont aucune n'occuperait une fonction publique, et dont cinq seraient membres de l'opposition. Or, du rapport de cette commission, il résultait 1° qu'un statut de 1711 autorisait le ministre de l'intérieur, sous sa responsabilité, à délivrer des mandats pour l'ouverture de telles lettres qu'il jugerait utile ; 2° que, ce droit ayant été contesté, des comités formés en 1735 et 1742 l'avaient formellement consacré ; 3° que dans le courant du dernier siècle, en quarante-quatre ans, il y avait eu 372 mandats de ce genre, et 44 en trois ans, de 1841 à 1844 ; 4° qu'en ouvrant certaines lettres de M. Mazzini, le gouvernement avait usé de son droit, et qu'il n'y avait, soit quant à la légalité, soit quant à la convenance, aucun reproche à lui faire. D'après une telle déclaration, bonne ou mauvaise, l'affaire paraissait terminée ; mais, si l'usage dont il s'agissait n'avait rien d'illégal, il était fort odieux, et M. Duncombe, peu satisfait du rapport du comité, ne manqua pas de reprendre le débat en demandant une enquête publique. Le comité d'ailleurs ne s'était pas expliqué sur le fait qui lui était personnel, sur l'ouverture de ses propres lettres, à lui, membre du parlement. Or, il y avait là une question de privilège que la chambre ne pouvait passer sous silence. « Quant à moi, s'écria M. Duncombe, j'affirme que mes lettres ont été ouvertes ; mais le ministre qui a eu la bassesse de le faire n'a pas le courage d'en convenir. » Et comme le telles paroles étaient accueillies par de longs murmures : « Il est bien entendu, ajouta M. Duncombe, que j'applique ces mots à sir James Graham dans sa capacité ministérielle. »

Il serait trop long de suivre dans toutes ses phases ce débat animé, se renouvela si fois sous des formes différentes, qui occupa plusieurs séances, et dans lequel de graves accusations furent portées contre le gouvernement, celle entre autres d'avoir, par la communication des lettres saisies, causé la mort des jeunes Bandiera ; il importe seulement de remarquer quelle fut à cette occasion l'attitude des divers partis. Les radicaux, comme on devait s'y attendre, appuyèrent énergiquement M. Duncombe, et s'élevèrent avec indignation contre une pratique aussi immorale que dangereuse. Les whigs, qui, eux aussi, s'étaient servis du statut de la reine Anne, mirent en avant une distinction un peu subtile entre la correspondance des réfugiés italiens et celle d'un membre du parlement. Les tories enfin se divisèrent, et tandis que la majorité soutenait, sans beaucoup d'ardeur, sir James Graham, quelques-uns se tournèrent contre lui et lui infligèrent un blâme passionné. Tout le monde devine qu'à la tête de ceux-ci fut M. d'Israëli. Dans un premier débat, il avait, tout en appuyant M. Duncombe, gardé quelque mesure, assez du moins pour que sir Robert Peel pût le sommer de ne plus dissimuler son hostilité. Quelques jours après, il suivit le conseil de sir Robert Peel, et luit jeta à la face un des plus sanglans discours qui jamais aient été prononcés. Dans ce discours, toute la conduite de sir Robert Peel fut passée en revue et flagellée de main de maître. Plus d'une fois même, dans l'amertume de ses sentimens, il dépassa les bornes des convenances et du bon goût. Ainsi, quand il s'écria que « sir Robert Peel avait trouvé les whigs au bain, et qu'il s'était sauvé avec leurs habits, » ce n'était qu'une plaisanterie spirituelle, piquante, et qui fit beaucoup rire ; mais quant, rappelant indirectement les derniers rapports de sir Robert Peel et de Canning, il dit, avec une ironie concentrée, « qu'une citation du poème de Canning sur l'amitié lue par sir Robert Peel produirait un admirable effet, » il dut s'apercevoir, au mouvement de l'assemblée, que, dans la lutte parlementaire, tous les coups ne sont pas permis.

Quoi qu'il en soit, après un tel discours, la position de M. d'Israëli était fixée, et, comme le fit remarquer sir James Graham, il avait franchi l'intervalle qui sépare la mutinerie secrète de l'insurrection déclarée. Quant à sir Robert Peel, objet principal, unique, de tant de sarcasmes et d'invectives, c'est malgré une émotion bien naturelle, avec beaucoup de dignité qu'il répondit. « M. d'Israëli, dit-il doit être plus à son aise après s'être débarrassé de tout le virus qu'il avait amassé pendant une longue semaine ; mais je ne m'abaisserai pas jusqu'à lutter avec lui de personnalités. — Si une fois j'ai tenu compte de ses injures, c'est que l'honorable membre prétendait alors agir en ami. Il vient de jeter le masque et de se placer vis-à-vis du cabinet dans sa vraie position. Il est dès-lors libre de parler, de voter comme il lui plaira. Je lui promets d'avance de n'y faire aucune attention. »

Il est remarquable qu'après un tel débat la motion de M. Ducombe, qui proposait d'appeler à la barre le directeur des postes pour violation des privilèges de la chambre, ait été appuyée par plusieurs tories, par M. Milnes entre autres, et que cette motion n'ait succombé qu'à 188 voix contre 113 ; encore fallut-il, pour que la majorité fût aussi forte, l'appui de lord John Russell, qui, au grand regret de ses amis, vota pour le cabinet.

Si, dans cette question tout-à-fait exceptionnelle, la mauvaise humeur des tories dissidens avait apparu, elle se manifesta clairement au sujet d'une double motion de M. Cobden et de M. Miles. M. Cobden, on le sait, est le chef réel de la ligue et de cette portion du parlement qui, préoccupée d'une seule question, celle de la liberté commerciale, reste étrangère à toutes les combinaisons de parti, et vote pour le ministère ou pour l'opposition, selon que le ministère ou l'opposition lui paraît dans la bonne voie. M. Miles, au contraire, est un des chefs du parti agricole, de celui qui déplore les réformes des dernières années, et qui maudit sir Robert Peel tout en le suivant. Or, dès le début le la session, M. Cobden avait imaginé de proposer au parti agricole de s'unir à lui pour obtenir une vaste enquête, une enquête publique sur l'état de l'agriculture en Angleterre. Après quelques momens d'hésitation, M. Miles s'y était refusé, ce qui avait fourni à sir Robert Peel l'occasion de railler assez agréablement la nouvelle entente cordiale. Un peu plus tard, M. Cobden revint à la charge sans plus de succès. Les whigs appuyèrent sa motion, le ministère s'y opposa, le parti agricole vota contre, de sorte qu'elle fut en définitive rejetée par 213 vois contre 121 ; mais deux jours après le parti agricole, à son tour, par l'organe de M. Miles, dit son mot, et fit une motion dont le résultat devait être « d'appliquer l'excédant du revenu aux besoins de l'agriculture. » On comprend que cette motion dut être combattue par sir Robert Peel comme par lord John Russell. S'adressant alors aux mécontens du parti agricole, M. d'Israëli se leva, et, dans un discours constamment soutenu par les applaudissemens, par les rires de l'opposition, il rappela qu'en 1836 lord Chandos (aujourd'hui duc de Buckingham) avait fait une motion semblable qui était devenue le sujet d'une grande lutte de parti. Puis, énumérant tous ceux qui, dans le camp ministériel, avaient alors voté pour cette motion, « nul doute, dit-il, qu'ils ne se montrent aujourd'hui fidèles à leurs précédens et conformes à eux-mêmes. — Au fond, ajouta-t-il en terminant, de quoi se plaint le parti agricole ? N'a-t-il pas voté lui-même les mesures qui le ruinent ? N'est-il pas l'artisan de son propre malheur ? Le parti agricole trouve mauvais que sir Robert Peel ait changé. Cela est vrai ; mais n'est-il pas injuste, souverainement injuste, de mettre en parallèle le temps où l'on fait sa cour et le temps de la possession ? Le parti agricole, on ne saurait le nier, en est réduit au plaisir de la mémoire, aux souvenirs délicieux de ses premières amours. Il n'en a pas moins tort de récriminer. En politique comme en amour, quand l'objet aimé a cessé de plaire, c'est en vain qu'il fait appel aux sentimens. Que le parti agricole, cette beauté que tous ont courtisée, qu'un seul a possédée et trompée, se résigne donc à subir en silence l'arrogance et la froideur de son maître. C'est sa dernière ressource. » M. d'Israëli termina en déclarant que, selon lui, le gouvernement conservateur n'était autre que l'hypocrisie organisée.

En vain, pour repousser cette rude attaque, sir Robert Peel fit-il remarquer qu'en 1836, il avait, malgré ses amis, voté lui-même contre la motion Chandos ; en vain rappela-t-il qu'en 1842 M. d'Israëli le défendait contre ses imputations de 1845 ; en vain déclara-t-il enfin qu'à cette époque il faisait du panégyrique autant de cas qu'aujourd'hui de l'attaque : la satisfaction et les rires de l'opposition, l'embarras et la froideur du parti ministériel, tout dut lui démontrer que le trait avait pénétré, et que M. d'Israëli n'était point un adversaire à dédaigner. M d'Israëli, d'ailleurs, sous une forme personnelle, acerbe, mordante, ne faisait qu'exprimer les sentimens dont beaucoup de cœurs étaient pleins. Ces sentimens étaient ceux du duc de Buckingham lui-même, qui, à la même époque à peu près, lorsque se réunit la société conservatrice de son comté, n'hésita pas à les manifester. J'ajoute qu'ils redoublèrent d'amertume quand sir Robert Peel crut devoir accepter des mains de M. Bright une enquête sur les lois de la chasse, ce patrimoine de l'aristocratie foncière, ce fleuron de la couronne à laquelle elle ne permet guère de toucher.

Dans cette première partie de la session, un autre débat, le débat Sur la Nouvelle-Zélande, prouva encore que la majorité ministérielle était agitée, et que, n'osant pas, à peu d'exceptions près, se séparer ouvertement de sir Robert Peel, elle aimait, quand elle pouvait le faire sans inconvénient, à s'en dédommager. Voici, en très peu de mots, en quoi consistait la question.

Ce sont les missionnaires qui, les premiers, avaient pénétré dans la Nouvelle-Zélande, et qui s'y étaient établis. Prêtres et commerçans à la fois, ils se regardaient comme les maîtres de l'île, quand, selon la coutume anglaise, une grande compagnie se forma à Londres, qui, s'emparant de certaines terres incultes, ou les achetant fictivement pour les revendre, posa les bases d'une colonisation plus étendue. Enfin vint le gouvernement lui-même, qui, pour déjouer les projets de la France, planta un beau jour le drapeau national sur la Nouvelle-Zélande, et conclut avec les naturels une espèce de traité par lequel la possession de leurs terres leur était assurée, à condition qu'ils reconnaîtraient la souveraineté de l'Angleterre. Il y avait donc, outre les naturels eux-mêmes, trois intérêts en présence : les missionnaires, la compagnie, le gouvernement. De là des conflits, des rivalités, en un mot une véritable anarchie dans le pays. C'est surtout entre la compagnie et le gouvernement que la querelle était vive. D'une part, la compagnie reprochait au gouvernement de l'avoir, par un simulacre de

traité, de droits acquis, de droits incontestables, et d'être ainsi la cause
première de la révolte des naturels et de l'état fâcheux de la colonie ; elle
accusait aussi lord Stanley, ministre des colonies, de l'avoir trompée, et de
lui avoir communiqué des instructions différentes de celles qu'il avait
adressées au gouverneur, le capitaine Fitzroy. De l'autre, le gouvernement
soutenait qu'après s'être emparée violemment, ou par des contrats fictifs, de
terres qui ne lui appartenaient pas, la compagnie avait eu le tort grave de les
vendre sans savoir même si elle pourrait les livrer. Des deux côtés
retentissaient ainsi les mots de mauvaise foi et d'improbité.

Les choses en étaient là quand la question fut soulevée dans le parlement
par M. Aglionby et par M. Charles Buller, qui attaquèrent très vivement, très
personnellement lord Stanley. Dans un autre temps, ce ministre eût trouvé
parmi les tories de zélés, d'ardens défenseurs, et l'affaire eût été
promptement étouffée Cette fois, telle fut l'attitude froide, indifférente,
presque hostile des tories, que le débat devint très sérieux pour le ministère,
et que sir Robert Peel ne put s'en tirer qu'à l'aide de quelques concessions et
en promettant de s'arranger avec la compagnie. A ce sujet, toute la politique
coloniale de l'Angleterre fut mise à nu, et toute la tactique du gouvernement
anglais dévoilée. Ainsi, c'est presque sans contestation que M. Charles
Buller déclara hautement que la convention de Waitangy était une parodie
de traité extorquée par la ruse aux naturels, et dont il était parfaitement
ridicule de se couvrir, comme si c'eût été le traité de Westphalie ou le traité
d'Amiens. C'est sans être démenti que M. Roebuck alla jusqu'à prononcer
les paroles suivantes : « Quant au traité de Waitangy, chacun sait que c'est
une farce, et pis qu'une farce, une fraude pratiquée sur le monde civilisé
pour soustraire la Nouvelle-Zélande à la main de la France. » En même
temps, les manœuvres peu honnêtes des missionnaires et celles de la
compagnie furent longuement, énergiquement signalées, de sorte que, pour
tout lecteur impartial, il resta démontré que le droit n'était pas plus d'un
côté que de l'autre, et que les missionnaires, la compagnie, le gouvernement,
se disputaient en définitive le prix d'une odieuse rapine. Quoi qu'il en soit,
la nouvelle d'une insurrection plus grave que les précédentes étant arrivée à
Londres avant la fin de la session, le gouverneur fut destitué, et lord Stanley,
malgré le ton conciliateur de sir Robert Peel, n'échappa au blâme proposé
qu'à la faible majorité de 223 vois contre 172, plusieurs tories, dans cette
circonstance encore, ayant voté avec la minorité.

Je viens de passer en revue les trois questions qui, entre les deux parties
importantes de cette session, occupèrent surtout l'attention du parlement, et
purent faire pressentir les dispositions réelles des tories. J'arrive maintenant
à la question capitale de l'année, à celle qui, subitement, inopinément, mit
l'Angleterre en feu, et modifia profondément la situation du cabinet. Ainsi
que je l'ai dit, l'agitation de l'église anglicane s'était calmée au moment de
l'ouverture du parlement, et quand, deux jours après le discours du trône,

lord Ebrington présenta une pétition de quelques ministres du diocèse d'Exeter, qui demandaient que le parlement, afin de mettre un terme à toute incertitude, révisât la rubrique et le livre de prières, personne ne dit mot, et la question tomba d'elle-même. Il n'en fut pas tout-à-fait ainsi à la chambre des lords, où, sur une pétition semblable, l'évêque d'Exeter essaya de justifier sa conduite en soutenant que, pour tout ce qui concerne le spirituel, l'église était indépendante du parlement comme de la reine, et en rappelant à la chambre que, deux ans après avoir, en 1641, aboli le livre de prières, elle avait été abolie elle-même. A cette opinion, l'évoque de Norwich, comme on pouvait s'y attendre, en opposa une toute contraire, et l'évêque de Londres, comme on pouvait s'y attendre aussi, maintint contre l'évêque de Norwich « que l'exacte observation de la rubrique était obligatoire. » Cela dit, lord Brougham se moqua spirituellement de la querelle de la robe et du surplis, et tout fut fini. Un bill présenté par le lord-chancelier, et qui avait pour but de rendre les fonctions municipales accessibles aux juifs, aurait pu donner lieu à de plus vifs débats ; mais bien que ce bill, proposé par les whigs et combattu par M. Gladstone et M. Goulburn, eût échoué en 1841, il ne souleva, en 1845, aucune opposition. L'évêque de Londres lui-même ne le combattit pas, de sorte qu'aux communes tout l'effort de sir Robert Inglis et de M. Plumptre ne put réunir que 11 voix. Il semblait donc que pour cette session l'intolérance protestante fût impuissante, quand tout à coup elle prit, sur un autre terrain, une éclatante revanche, une revanche telle qu'on put croire un moment que les beaux jours de lord Gordon étaient revenus. Comme il s'agit ici à la fois des deux questions qui irritent le plus l'Angleterre, de la question religieuse et de la question irlandaise, il est bon d'entrer dans quelques détails.

Avant 1795, les jeunes Irlandais qui se destinaient au sacerdoce allaient faire leurs études théologiques dons des collèges du continent. L'illustre Burke. pensa avec raison que l'esprit national pouvait en souffrir, et, grace à ses efforts, le séminaire de Maynooth fut fondé, d'abord pour cinquante élèves seulement. Après l'union, ce séminaire fut maintenu, et continua, non sans contestation, à recevoir de l'état une subvention annuelle de 8,928 liv. sterl. Il subit d'ailleurs diverses modifications, et un collége laïque y fut ajouté en 1817. En dernier lieu, il comptait quatre cent cinquante élèves, dont deux cent cinquante non pensionnaires, choisis par les évêques, et qui, en payant une fois pour toutes 8 guinées d'entrée, recevaient l'instruction. Les deux cents autres élèves se composaient de pensionnaires à 21 guinées par an, et de demi-pensionnaires à 10 guinées et demie. C'est à l'aide de ces ressources, augmentées de la subvention de l'état et l'un revenu foncier de 2,000 liv. sterl. à peu près, que le séminaire de Maynooth devait faire face à toutes ses dépenses. Aussi depuis longtemps présentait-il un aspect déplorable, et donnait-il lieu, de la part du clergé catholique, aux réclamations les mieux fondées. En réponse à quelques membres irlandais qui, à la fin de la dernière session, se faisaient les organes de ces plaintes, sir Robert Peel avait déclaré qu'il prendrait en très sérieuse considération l'état de Maynooth, et qu'il s'efforcerait de remédier au mal qu'on signalait. Cette déclaration avait alors produit peu d'effet, et c'est à peine si, dans l'intervalle des sessions, le nom de Maynooth avait été prononcé.

En présentant des mesures qui tendaient à mettre Maynooth sur un pied respectable, sir Robert Peel était donc autorisé a penser qu'il rencontre ait assez peu d'opposition. J'ai lieu de croire que telle était en effet sa conviction, et que peu de jours encore avant l'apparition du bill il ne prévoyait nullement l'orage qui allait fondre sur lui. C'est, comme de raison, la société fanatique d'Exeter-Hall qui, vers la fin de mars, donna le signal de l'agitation. Pendant quelques jours pourtant, tout se borna à de sourds murmures, et, quand sir Robert Inglis demanda d'un ton lugubre à sir Robert Peel s'il comptait proposer à la chambre une allocation permanente pour Maynooth, sir Robert Peel put répondre oui sans soulever de trop véhémentes colères. Néanmoins des pétitions commencèrent à circuler, et le jour où sir Robert Peel se leva pour expliquer son projet, on vit, à la grande joie de l'opposition, une foule de membres ministériels se précipiter dans le vestibule, et rentrer dans la chambre chargés de grosses liasses anti-ministérielles. Un peu inquiet de ce mouvement, sir Robert Peel, dans son exposé, s'efforça alors de désarmer, par un langage doux et conciliant, l'agitation naissante. Il représenta qu'aucune question de principe n'était engagée, puisqu'il s'agissait uniquement de substituer à une allocation insuffisante une allocation convenable. Il rappela aussi que l'état entretenait dans certaines prisons des chapelains catholiques, et qu'à Malte, à Maurice, ailleurs encore, il soutenait de ses deniers le clergé romain. Pour être conséquent, il fallait supprimer tout cela, ou bien ne pas disputer à Maynooth une allocation nécessaire. Il termina en expliquant que la mesure proposée avait pour but : 1° d'élever à 3,000 liv. sterl. par an la faculté de recevoir des dons et legs, faculté déjà accordée aux trustees de Maynooth jusqu'à concurrence de 1,000 liv. sterl. ; 2° d'allouer, à titre de dotation fixe, une somme suffisante pour que cinq cents jeunes gens, dont deux cent cinquante pensionnaires, pussent être élevés convenablement. Il estimait que, pour obtenir ce résultat, il convenait de voter 27,000 liv. sterl. par an, plus une somme une fois payée de 30,000 liv. sterl., afin de mettre les bâtimens en bon état. Il protestait d'ailleurs contre toute idée d'intervenir dans la doctrine et dans la discipline catholique, dont les évêques devaient rester les seuls gardiens.

A cet exposé, aussi modéré que décisif, l'opposition battit des mains, et les tories libéraux donnèrent une pleine approbation : mais le parti ultra-protestant se sentit frappé au cœur, et poussa un cri de douleur. Sir Robert Inglis, M. Plumptre, le colonel Sibthorp, M. Gregory, s'écrièrent tout d'une voix « qu'un tel bill était une atteinte funeste à la vraie religion, une reconnaissance coupable d'un culte idolâtre, une injure sacrilège au Très-Haut. Quant à eux, leur parti était pris, et c'était sur le terrain du christianisme protestant qu'ils allaient porter le combat. » Le bill, au contraire, fut défendu par lord John Russell et par lord Sandon, par M. Ward et par lord Egerton aussi bien que par M. Sheil ; on remarqua cependant que le représentant radical de Finsbury, M. Duncombe, parla et vota contre au nom de ce qu'on appelle le principe volontaire. La première lecture n'en passa pas moins 216 contre 114.

Il y avait dans cette première épreuve tous les germes des difficultés qui bientôt assiégèrent sir Robert Peel, mais peu développés encore. Des journaux libéraux un seul, le Globe, se prononça d'abord contre le bill au nom du même principe que M. Duncombe. Les autres, à des degrés divers, donnèrent leur adhésion. Parmi les journaux tories, il y eut presque unanimité en sens contraire, et le Times, le Herald, le John Bull, le Morning Post, le Britannia, jetèrent à la fois un cri d'alarme. Jusque-là tout était prévu. Ce qui l'était moins, c'est l'attitude que prirent tout à coup les sectes dissidentes, et notamment celle des wesléiens. Pendant long-temps, un test rigoureux avait, au profit des anglicans, exclu les dissidens de toutes fonctions publiques, et c'est avec l'assistance des libéraux, avec celle des catholiques eux-mêmes, que ce test avait enfin succombé. On pouvait donc supposer que les dissidens ne refuseraient pas aux catholiques une faveur bien légère ; mais il arrive trop souvent dans le monde qu'une fois affranchis de leur chaîne, les persécutés se font persécuteur à leur tour. Tandis que l'église anglicane restait comparativement calme et froide, les sectes dissidentes se mirent donc à la tête du mouvement, et lui donnèrent en peu de jours un caractère alarmant. Pour débuter, le comité central wesléien publia une circulaire à chacun des cinq cents circuits qui partagent le royaume, et demanda des pétitions en masse contre le bill papiste de sir Robert Peel. Le feu alors prit à toutes les têtes, et l'Angleterre protestante fut, en peu de jours, sur pied aussi bien que l'Écosse : ici des prédicateurs qui, en chaire même, représentaient sir Robert Peel comme séduit par les caresses adultères du papisme, et prêt à sacrifier le Sauveur à sa honteuse passion ; là des orateurs, presque toujours ecclésiastiques, qui, dans les réunions nombreuses et tumultueuses, rappelaient que George IV était mort peu de temps après l'émancipation des catholiques et semblaient prédire à la reine un sort semblable ; ailleurs, des radicaux et des tories qui fraternisaient dans un sentiment commun d'exécration contre sir Robert Peel, et qui le dénonçaient comme coupable de haute trahison ; puis, sur tous les murs, dans toutes les boutiques, les placards les plus injurieux et les plus menaçans, les caricatures les plus mordantes et les plus personnelles. Au milieu de ce mouvement singulier, on vit jusqu'à certains membres du parlement, M. Ferrand entre autres, promettre la mise en jugement du premier ministre et sa condamnation. Dans tous les meetings, au reste, le caractère religieux de la crise se manifestait par les signes extérieurs les plus curieux et les plus frappans. Un jour, la séance commençait par une prière contre la bête papiste, prière à laquelle tout l'auditoire répondait par un amen bruyant et prolongé ; un autre jour, au théâtre de Covent-Garden, le président débutait par entonner un psaume que tous les fidèles chantaient en chœur avec lui. On eût dit, au milieu du XIXe siècle, les vieilles scènes puritaines du XVIIe, ces scènes si bien décrites par Walter Scott, et dont personne n'eût imaginé le retour.

Je le répète, ce ù'est point sans surprise que sir Robert Peel vit éclater la tempête, et peut-être, s'il l'eût prévue, ne l'aurait-il pas affrontée ; mais, une fois la lutte engagée, il la soutint avec autant de fermeté que de sang-froid. A plusieurs reprises, des députations de ministres anglicans et dissidens vinrent le trouver pour le supplier d'abandonner le bill, et, de ces députations, une se présenta comme déléguée par 10,163 congrégations, dont 4,700 wesléiennes, 2,550 indépendantes, 1,700 baptistes, et 1,200 églises libres d'Écosse. A leurs prières comme à leurs menaces, sir Robert Peel opposa constamment un refus poli, mais positif. De plus, sur une interpellation qui lui fut adressée, il n'hésita pas à déclarer dans le parlement qu'il faisait du tevo de Maynooth une question de cabinet, et que tous ceux qui tenaient au gouvernement devaient voter avec lui. Quant aux whigs, leur conduite ne fut pas moins honorable et désintéressée. Outre que l'occasion de renverser sûrement le cabinet s'offrait à eux, beaucoup de whigs comptaient parmi leurs commettans de chauds adversaires du bill. Chaque jour, il leur arrivait des adresses où la majorité de leurs amis leur enjoignait de voter contre Maynooth, sous peine de perdre leur siége à la prochaine élection. Sans se laisser séduire ni intimider, les whigs persistèrent noblement dans leur détermination, et, à bien peu d'exceptions près, refusèrent de sacrifier les principes et le bien du pays à un intérêt passager. Seulement, comme on va le voir, les uns le firent de bonne grace, les autres en tirant du ministre qui les plaçait dans cette situation une vengeance cruelle.

Tel était l'état des choses quand le jour fort attendu de la seconde lecture arriva. Ce jour-là, la foule entourait les avenues du parlement ; les couloirs étaient remplis de ministres et de laïques, délégués par les diverses congrégations ; les tables et le plancher de la chambre pliaient sous le poids de plusieurs milliers de pétitions. En outre, des députations de divers collèges électoraux étaient là surveillant les membres qui représentaient ces collèges, et leur apportant sommation sur sommation. C'est alors qu'un des membres les plus zélés du parti protestant, M. Colquhoun, appuyé par M. Grogan, proposa l'ajournement à six mois. Aussitôt après, M. Gladstone se leva, M. Gladstone, l'ancien champion de la haute église, M. Gladstone, qui avait quitté le cabinet notoirement à cause du bill de Maynooth ; M. Gladstone, le dernier espoir du parti ultra-protestant. Quelle fut donc la surprise, quel fut le désespoir de ce parti, quand, non content de soutenir le bill, M. Gladstone lui donna une bien plus grande portée que tous les orateurs précédens. Selon M. Gladstone, en substituant une allocation annuelle, la chambre allait voter un grand principe, celui du paiement du clergé catholique. On pouvait sans doute hâter ou retarder le jour où cette mesure aurait lieu, mais désormais aucune objection religieuse ne pourrait y faire obstacle. M. Gladstone, en terminant, laissa clairement entendre que, s'il avait donné sa démission, c'était pour pouvoir, sans s'exposer à d'injustes reproches, avouer tout haut qu'il avait, depuis 1839, modifié ses opinions.

On comprend l'effet d'un tel discours et le bruit qu'en fit l'opposition. Quand au ministère, il en parut un peu embarrassé. Deux jeunes membres de la nouvelle Angleterre, lord John Manners et M. Smythe, puséistes comme M. Gladstone et par conséquent bienveillans pour l'église catholique, marchèrent hardiment dans la même voie, et complétèrent sa pensée. Selon eux, « rien n'était plus absurde que de vouloir ressusciter les vieux préjugés, et que de voir la religion de l'antéchrist dans l'église catholique, cette branche non tout-à-fait saine, mais vraie, de la grande église universelle. Il était plus absurde encore de reprocher à cette église son esprit exclusif et son intolérance, tout en montrant à son égard tant d'intolérance et un esprit si exclusif. Le protestantisme voulait-il donc emprunter au duc d'Albe son principe, et à Escobar son langage ? Voulait-il ressusciter les guerres religieuses du XVIe siècle, et faire de l'Angleterre une nouvelle Espagne ? » Puis tous deux indiquaient clairement qu'à leur sens il serait bon, juste, chrétien, de donner à l'Irlande un établissement catholique, de même qu'on avait donné à l'Écosse un établissement presbytérien.

Il y avait lieu de penser que l'auteur de Coningsby, M. d'Israëli, si favorable au catholicisme, si bienveillant pour l'Irlande, imiterait ses deux amis, et ferait pour cette fois trêve à ses rancunes ordinaires, il n'en fut rien, et M. d'Israëli, au risque de paraître inconséquent, ne voulut pas manquer cette occasion de tirer sur son ennemi. Après avoir, en peu de mots, cherché à prouver qu'une fois le principe du bill admis, toute secte religieuse pouvait réclamer une subvention de l'état, et qu'à ce titre le bill était contraire aux vrais principes, il reprit son thème habituel, et déclara que, même bon, le bill devait être repoussé à cause des mains qui l'apportaient C'est, dit-il, un outrage à toute décence que ceux qui ont conquis le pouvoir en combattant une certaine politique viennent maintenant faire prévaloir cette politique sans opposition et sans critique. C'est aussi une atteinte profonde, mortelle à la vérité du gouvernement représentatif, de ce gouvernement qui ne saurait vivre si les partis n'ont pas certaines opinions auxquelles ils restent fidèles. Si les whigs introduisaient une telle mesure, il y aurait pour les contrôler une opposition constitutionnelle. Aujourd'hui l'opposition est morte à la chambre des

communes, et il n'y a plus de chambre des pairs. Que reste-t-il au milieu de
la dégradation générale, de cette dégradation que le conservatisme a faite, et
non le radicalisme ? Rien qu'un grand middle-middleman parlementaire. Or,
sait-on ce que c'est qu'un middle-man ? C'est quelqu'un qui trompe les uns
et qui pille les autres jusqu'à ce qu'après avoir obtenu la position à laquelle il
n'a pas droit, il s'écrie : N'ayons plus de questions de parti, et donnez-moi la
fixité de tenure [4]. Il est temps d'en finir avec ce joug insupportable de
despotisme officiel et d'impuissance parlementaire. »

Il serait trop long de suivre ce curieux débat dans tous ses détails. Parmi
ceux qui soutinrent le bill, on remarqua, outre les membres du cabinet, M.
Hawes, le colonel Wood, sir Charles Napier, M. Wynn, M. Hume, lord
Lincoln (fils du duc de Newcastle), lord Worsley, M Milnes, M Murphy, M
Clay, lord Jocelyn (fils de lord Roden), sir Charles Grey, M. Roebuck, M.
Cobden, M. Sheil, M. Bing enfin, vieillard vénérable qui siège au parlement
depuis soixante-sept ans, et qui a reçu le nom touchant de « père de la
chambre (father of the house). » Parmi ceux qui combattirent le bill, on
peut citer, comme représentans du principe ultra-protestant, M. Lefroy, M.
O'Brien, M. Gregory, M. Shaw, le colonel Varner, lord Barnard, lord
Ashley, M. Plumptre, sir Robert Inglis, le colonel Sibthorp, M. Ferrand ;
comme représentans du principe volontaire, M. F. Maule, M. Muntz, M.
Bright. Mais les discours les plus importans furent d'un côté ceux de lord
John Russell et de M. Macaulay, de l'autre ceux de sir James Graham et de
sir Robert Peel. Par la bouche de lord John Russell et de M. Macaulay
parlèrent, à vrai dire, les deux fractions du parti whig que j'ai déjà
mentionnées, celle qui croyait devoir prêter appui au ministère sans
récrimination, celle qui trouvait bon de faire payer cher son secours.

M. Macaulay parla le premier, peu de temps après M. d'Israëli, et se
demanda si, comme celui-ci en donnait le conseil, les whigs devaient voter
contre le bill à cause des ministres qui le présentaient. C'était une occasion
naturelle d'examiner toute la conduite de sir Robert Peel. « Sir Robert Peel,
dit-il, a de grandes qualités ; mais il y a du vrai, beaucoup de vrai dans les
reproches que lui adressent ceux qui, malgré une amère expérience, l'ont
élevé une seconde fois au pouvoir pour être trompés de nouveau. Sir
Robert Peel, on ne peut le nier, a une fâcheuse habitude, celle de se servir
dans l'opposition de passions pour lesquelles il n'a point de sympathie, et de
préjugés qu'il méprise profondément. De là un changement soudain quand
il vient au pouvoir. Les instrumens qu'il employait sont mis de côté,
l'échelle est jetée par terre. » Rappelant que les whigs avaient surtout été
renversés par le cri de point de papisme (no popery), M. Macaulay
établissait ensuite que le bill de Maynooth, si les whigs l'avaient proposé, eût
été rejeté par le partic tory tout entier. « Est-il surprenant, ajoutait-il, que de
tels procédés causent une vive irritation dans le pays ? Pouvez-vous vous
étonner que les furieux esprits évoqués par vous se retournent contre vous ?

Voici Exeter-Hall qui brait comme par le passé ; voici le révérend M. Macneil qui est frappé le stupeur en voyant déposer sur la table de Jésabel une allocation puis considérable que toutes les précédentes pour les prêtres le Baal ; voici les ouvriers protestans de Dublin qui demandent, en très mauvais anglais, l'accusation des ministres. Quoi de plus simple, quoi de plus légitime ? Pensiez-vous donc, quand vous appeliez à votre aide le démon de l'intolérance, que vous le congédieriez à votre gré ? Pensiez-vous, quand vous alliez de réunion en réunion, flattant des passions et des préjugés absurdes, que le jour ne viendrait pas où vous devriez vous-même compter avec ces préjugés et ces passions ? » M. Macaulay et ses amis n'en étaient pas moins décidés à voter pour le bill. C'était assez du spectacle de l'inconséquence tory. « Quant à moi, disait en finissant M. Macaulay, je sais quels outrages vont fondre sur moi, je sais aussi quel risque court, à dater d'aujourd'hui, mon siége au parlement ; mais ce siége, Je ne veux pas le conserver au prix d'un contrat ignominieux, et je ne puis le perdre, si je le perds, pour une plus noble cause. »

On le voit : dans ce discours fort étudié, fort éloquent, l'animosité politique tenait une grande place. C'est à peine, au contraire, si elle apparut dans le discours plein de noblesse et de raison que lord John Russell prononça peu d'instans avant le vote. M. Sheil s'était plaint avec une amertume bien légitime qu'un ministre anglais ne pût jamais, sans se présenter une mesure favorable à l'Irlande. Il avait aussi remarqué que dans cette occasion la résistance venait plutôt des dissidens que de l'église anglicane, plutôt de l'église libre écossaise que de l'église presbytérienne établie. « Il faut le dire, s'était-il écrié, c'est la bile calviniste qui déborde et qui couvre la table. » Sans défendre la conduite des dissidens, lord John Russell essaya de l'excuser, de l'expliquer du moins, en lui donnant pour cause non la haine du catholicisme, mais l'amour du principe volontaire, Il approuva d'ailleurs pleinement le bill, et s'abstint de toute récrimination.

Une phrase malheureuse prononcée par sir James Graham en 1843 rendait sa position dans ce débat particulièrement difficile. « L'Angleterre est à bout de concessions (concession is at an end), » avait-il dit alors en présence des mouvemens tumultueux de l'Irlande, et ces mots sans cesse répétés, sans cesse commentés, alimentaient depuis deux ans la polémique. Sir James Graham n'hésita pas à les retirer, les attribuant à la chaleur du débat, et déclarant qu'il les regrettait sincèrement. Il se montra d'ailleurs très libéral, très conciliant, et termina son discours par cette déclaration vivement applaudie, « que le temps était venu de traiter en concitoyens et en frères les catholiques irlandais. » Mais c'est sir Robert Peel surtout qu'on attendait impatiemment. Pendant ce grand débat, ni les sarcasmes cruels de M. d'Israëli, ni les formidables attaques de M. Macaulay, ni les dévotes invectives de M. Ferrand et du colonel Sibthorp n'avaient paru le troubler. Ferme, calme, impassible, on eût dit que l'orage grondait sous ses pieds et

54

ne pouvait arriver jusqu'à lui. Sir Robert Peel néanmoins souffrait et
s'indignait en secret de l'opposition si générale, si vive, si personnelle, que
rencontraient ses projets ; seulement, en homme d'état éprouvé, il faisait
bonne contenance et réprimait ses sentimens intimes. On put s'en
apercevoir, quand il se leva pour résumer le débat, à son ton ému et
contenu tout à la fois. Dans un langage plein de grandeur et de dignité, il
tira de la fureur même avec laquelle la mesure était attaquée un argument
puissant en sa faveur. Se serait-il exposé, si la mesure eût été moins
nécessaire, à perdre, en la maintenant, l'appui du parti conservateur et la
confiance du pays ? Sir Robert Peel refusa ensuite de s'engager au-delà du
bill, et de se prononcer pour ou contre le salaire du clergé catholique. Le
cabinet ne regardait la mesure actuelle comme liée à aucune autre, mais il
entendait que la question du salaire restât entière, et pût être résolue par le
ministère actuel ou par tout autre ministère, selon les circonstances et
l'intérêt du pays. Dès aujourd'hui il déclarait que l'objection religieuse lui
semblait nulle, et qu'en tout cas elle avait été tranchée l'an denier par
l'adoption du bill des legs et donations charitables. Puis, faisant allusion à la
question de l'Orégon et à certaines paroles menaçantes que peu de jours
auparavant il avait prononcées à ce sujet : « Je suis heureux, ajoutait-il, de
penser que la veille même, en présentant le bill de Maynooth, j'avais envoyé
à l'Irlande un message de paix. » Sir Robert Peel ne voulait pas d'ailleurs
répondre à M. Macaulay, et préférait, comme lord John Russell, écarter
toute querelle de parti. Tout ce qu'il demandait, c'est qu'on adoptât la
mesure, sauf à frapper ensuite, si on le voulait, ceux qui l'avaient présentée.

Après ce discours, la chambre alla aux voix et adopta la seconde lecture
à 323 voix contre 174. En examinant les listes on voit que 160 tories avaient
voté avec le ministère et 143 contre. Quant aux libéraux, 163 comptaient
dans la majorité, et dans la minorité 31 seulement. La minorité se composait
ainsi de quatre fractions distinctes : 1° les ultra-protestans, dirigés par sir
Robert Inglis, M. Colquhoun, lord Ashley ; 2° les orangistes irlandais, dont
M. Shaw, M. Grogan, le colonel Varner, étaient les principaux représentans
; 3° les ennemis personnels de sir Robert Peel, dont le fiel s'était répandu
par la bouche de M. d'Israëli ; les dissidens, partisans du principe volontaire,
au nom lesquels M. Bright, M. Fox-Maule, M. Duncombe, avaient parlé.
Dans la majorité, au contraire, se trouvaient unis tous les hommes éclairés
et vraiment politiques des deux partis, tous ceux qui ont gouverné ou qui
peuvent être appelés à gouverner l'Angleterre.

Par ce vote de la chambre, la question était virtuellement décidée, et
dans tout autre pays l'agitation eût cessé ; mais on est plus persévérant en
Angleterre, surtout quand l'esprit religieux est en mouvement. L'adoption
de la première lecture ne fit donc que redoubler la fureur protestante, et
cette fureur eut pour organes passionnés à peu près tous les journaux tories.
Est-il besoin de dire que le Times, toujours à l'affût du sentiment populaire,

fut celui de tous qui se déchaîna le plus violemment contre sir Robert Peel ? Un jour, c'est M. d'Israëli que le Times montrait « un scalpel à la main, enlevant avec dextérité la peau de sir Robert Peel, mettant à nu ses nerfs et ses muscles, puis l'exposant, comme une anatomie vivante, à la pitié, au dégoût des spectateurs. » Un autre jour, c'est M. Macaulay, « le grand essayist dont sir Robert Peel était devenu le thème par anticipation, et qui donnait au premier ministre le triste plaisir de lire son épitaphe avant le temps. » - Peel agit, ajoutait le Times ; Macaulay décrit, sans faire grace à « son modèle d'un sourire ou d'une grimace, d'un tour de passe-passe ou d'une gambade. — Le premier ministre, disait le même journal, a pour ses compatriotes autant de sympathie et de respect que le chasseur pour le daim, que le pêcheur pour la truite, que le boucher pour les agneaux qu'il égorge, que le destructeur d'animaux nuisibles pour les êtres méprisables qu'il poursuit. Est-il donc vrai que l'Anglais soit, comme il le pense, un animal stupide, bon tout au plus à donner au premier venu, chair, cuir et laine à la fois ? A aucune époque, sous aucun ministère, l'Angleterre n'a été ainsi traitée. Peel est une nouveauté. Il a inventé le gouvernement par déception. » Le Times prédisait ensuite que sir Robert Peel périrait dans la tempête soulevée par lui. « Quelles que soient les folies, quels que soient les vices même du protestantisme dans ses mille variétés, le principe en est indestructible comme le sentiment. C'est la pierre de touche de la foi bretonne. Le Maroto du parti conservateurs s'y brisera certainement »

J'ai cité ces fragmens du Times parce qu'ils peuvent donner une idée du ton de la presse tory à l'égard de sir Robert Peel. Le Post, le John Bull, le Britannia, allaient encore plus loin, s'il est possible, et empruntaient aux saintes Ecritures les anathèmes dont ils écrasaient sir Robert Peel. Le moment était venu, selon ces journaux, de prendre la Bible pour unique étendard, et de rapporter religieusement le bill impie qui avait émancipé les catholiques. Déjà d'ailleurs « le jugement de Dieu pesait sur la chambre des communes, et sur les murs de la vieille chapelle de Westminster on pouvait lire en lettres de feu les paroles terribles du festin de Balthasar. » Parmi les journaux libéraux, l'accord était moins parfait. Le Chronicle approuvait purement et simplement, tout en s'applaudissant un peu ironiquement d'avoir entendu sir Robert Peel déclarer que la conciliation était le seul moyen de gouvernement en Irlande, tout en se réjouissant d'avoir vu « le fougueux ministre de l'intérieur affronter les clameurs des ultra-tories, et se tourner vers le banc où siégeaient, frappés de stupeur, sir Robert Inglis, lord Ashley, M. Plumptre, pour leur dire, en rétractant ses anciennes injures, que le temps de la suprématie protestante était définitivement passé. » L'Examiner s'efforçait de prouver que le bill n'avait aucune valeur, et que c'était beaucoup de bruit pour rien. Il le trouvait bon néanmoins, mais il accablait en revanche sir Robert Peel des épithètes les plus grossières, telles que misérable, hypocrite, filou, etc. Selon l'Examineur, sir Robert Peel était

un homme perdu qui se pavanait dans son infamie. La discussion l'avait
dépouillé de ses derniers vêtemens, et la décence publique voulait qu'il se
cachât désormais. — Lord Ashley, ajoutait ce journal, a fait le touchant
tableau de ces êtres misérables que l'on condamne dans les mines au travail
des bêtes. Il n'a rien décrit de plus triste, de plus humiliant, de plus
dégradant, que sir Robert Peel publiquement flagellé par M. d'Israëli et par
M. Macaulay. » Le Globe, de son côté, restait fidèle au principe volontaire,
et déplorait la fatale générosité des whigs. Quant au Spectator, il plaidait
pour sir Robert Peel à sa manière. « C'est, lisait-il, un homme qui raisonne
mal, mais qui voit juste ; voilà pourquoi il est absurde dans l'opposition et
sensé au pouvoir. » Le Spectator remarquait en outre « qu'au milieu de la
décomposition des anciens partis, il était simple que chacun cherchât ses
affinités naturelles. L'opération pouvait réussir ou échouer ; mais la vieille
politique n'en avait pas moins été ruinée, et la lie du vieux torysme
précipitée. Tout cela était bon pour le pays et pour la grande cause de la
justice et de la liberté. »

Pendant ce temps, les meetings, les adresses, les pamphlets les placards,
les sermons, se multipliaient par toute l'Angleterre et redoublaient de
virulence. Les pétitions se signaient avec plus d'ardeur que jamais, et
presque tous les membres de la majorité, whigs ou tories, recevaient de
foudroyantes proclamations, dans lesquelles un grand nombre de leurs
commettans protestaient contre leur vote, et s'engageaient sur l'honneur à
tout faire pour punir les fauteurs du papisme. Au même moment, le vieux
duc de Newcastle et lord Roden exprimaient publiquement la douleur qu'ils
avaient ressentie en voyant les héritiers de leur nom donner la main à la
prostituée de Babylone. Le duc de Marlborough fit plus encore, et
accomplit un sacrifice qui dut être comparé, par quelques zélés prédicateurs,
au sacrifice d'Abraham. Mécontent du ministère, le duc de Marlborough
avait refusé, en 1844, de laisser rééélire à Woodstock M. Thesiger, promu
aux fonctions de procureur-général, et c'est par son propre fils, lord
Blandford, qu'il l'avait fait remplacer ; mais lord Blandford, à la grande
consternation du noble duc, venait de voter pour Maynooth. Dans cette
grave circonstance, le duc de Marlborough n'hésita pas, et, en père de la
Bible ou de Rome, il enjoignit à son fils de donner sa démission. Celui-ci
obéit, et son beau-frère, lord Loftus fut élu à sa place. Ce n'est pas sans
peine, au contraire, que M. Forbes Mackensie, nommé lord de la trésorerie
en remplacement de M. Pringle, put obtenir de ses électeurs qu'ils
renouvelassent son mandat. Si, à cette époque, les élections générales
avaient eu lieu, nul doute que le fanatisme ne l'eût emporté ; nul doute
qu'une chambre digne d'être dirigée par Titus Oates ou par lord George
Gordon n'eût apparu dans le monde, à la honte de l'Angleterre et de la
civilisation.

Cependant le jour était venu où le champion persévérant du principe dit d'appropriation, M. Ward, devait développer sa motion. Dès le début, M. Ward avait annoncé qu'il proposerait d'appliquer, d'approprier à Maynooth une portion des revenus de l'établissement anglican ; mais, sachant que les adversaires du bill comptaient se servir de cette proposition pour faire échouer la mesure tout entière, il l'avait ajournée jusqu'après la seconde lecture. Pour la dixième fois, M. Ward exposa qu'il était absurde, immoral, révoltant, de payer chèrement en Irlande l'église le la minorité, tandis que l'église de la majorité devait se soutenir par elle-même. « Les Irlandais dit-il, ont autant de droits à un établissement catholique en Irlande que les Anglais à un établissement anglican en Angleterre, et les Écossais à un établissement presbytérien en Écosse. Les catholiques irlandais sont en outre parfaitement autorisés à vouloir se débarrasser de l'établissement anglican, signe visible de leur défaite et de leur déshonneur. » Après avoir établi que sur les 700,000 livres, revenu ordinaire le l'église anglicane de l'Irlande, il serait aisé de prélever les fonds nécessaires pour Maynooth, M. Ward s'étonna que des membres du parlement eussent pu s'associer aux honteuses clameurs dont les meetings protestans retentissaient depuis quelque temps contre le catholicisme. Il présenta enfin sa motion comme un moyen de ramener les dissidens. Le capitaine Berkeley et M. Roebuck parlèrent dans le même sens, sir James Graham et sir Thomas Freemantle, secrétaire pour l'Irlande, dans un sens contraire. Comme d'ordinaire, le discours capital de la séance fut celui de M. Macaulay. Très nettement, très positivement, très énergiquement, M. Macaulay se prononça contre l'établissement anglican en Irlande, institution stupide et déplorable, abus énorme, dont on ne pouvait concevoir l'existence parmi des hommes civilisés ; puis, passant du fait au droit, « toute église établie, s'écria M. Macaulay, doit être l'église de la majorité. Pendant vingt-huit ans, l'Angleterre a voulu imposer à l'Écosse un établissement épiscopal, et, pendant vingt-huit ans, des scènes d'anarchie et d'horreur ont désolé le pays. Il faut terminer le désordre en Irlande comme en Écosse. Quoi qu'on fasse, cela arrivera par principe si le ministère est libéral, et par peur s'il est conservateur. » Une fois sur ce terrain, M. Macaulay ne le quitta pas sans avoir une fois de plus mis en pièces sir Robert Peel et sa politique. « Il y a, dit-il, grand danger à tout céder à la peur, rien aux principes. Il y a grand danger à apprendre ainsi aux agitateurs que ce n'est point par la raison, mais par la menace qu'ils obtiendront justice. Les véritables auteurs du bill actuel, c'est M. O'Connell, c'est M. Polk. M. O'Connell et M. Polk obtiendront plus encore s'ils le veulent. »

Sur le fond de la question, sir Robert Peel maintint son opinion bien connue et défendit l'établissement anglican en Irlande. Il expliqua ses paroles sur l'Orégon et nia qu'il eût cédé à la peur ; mais, dit-il, M. Macaulay paraît désolé de voir passer une mesure qu'il approuve. On dirait que le mécontentement de l'Irlande est son domaine particulier, et qu'il a peine à s'en dessaisir. » Après sir Robert Peel, lord John Russell et lord Palmerston exprimèrent leur opinion plus timidement, bien qu'à peu près dans les mêmes termes que M. Macaulay. Tous deux déclarèrent que l'établissement irlandais ne pouvait rester dans son état actuel, et qu'il fallait le modifier ; tous deux pensèrent qu'il convenait de donner à l'Irlande un établissement protestant proportionnel au nombre des protestans, un établissement catholique proportionnel au nombre des catholiques. La motion de M. Ward fut ensuite rejetée par 322 voix contre 148.

Il faut le dire, ce langage de M. Macaulay, de lord John Russell, de lord Palmerston, ne ressemble pas plus au langage des whigs en 1842 que la politique actuelle de sir Robert Peel, par rapport à l'Irlande, ne ressemble à l'ancienne politique des tories. Il y a trois ans, les radicaux seuls demandaient la destruction de l'établissement anglican en Irlande, et lord Palmerston croyait beaucoup faire en promettant aux catholiques une loi qui leur permît de doter leurs frais leurs prêtres et leurs chapelles. Aujourd'hui, l'idée si simple d'un établissement anglican en Angleterre, presbytérien en Écosse, catholique en Irlande, pénètre partout et gagne jusqu'aux tories que n'aveugle pas la passion religieuse. Ç'est là ce que demandent formellement les chefs des whigs dans la chambre ; ce que préposent quelques tories éclairés, tels que M. Charles Greville, auteur d'un écrit remarquable sur cette question ; ce que ne repousse point le gouvernement ; ce qu'admet même le plus vieil organe du parti tory, le Quarterly Review, dans son avant-dernier numéro. On dirait qu'une seule question reste à juger, celle de savoir si on laissera subsister à côté de l'établissement catholique l'établissement protestant actuel, ou si on le ramènera à de plus justes proportions.. Sans doute toutes ces réformes peuvent être, pendant plusieurs années encore, ajournés par les préjugés populaires et par les intérêts politiques : elles n'en ont pas moins pris racine dans les esprits, et rien désormais ne pourra les en arracher. Qu'on dise après cela que l'Irlande, oubliée, négligée, dédaignée, il y a trois ans, n'a rien gagné à l'agitation du rappel ! qu'on dise que, malgré ses fautes, O'Connell ne lui a pas rendu les plus éminens services ! Si O'Connell et M. Polk ont, comme le prétend M. Macaulay, imposé à sir Robert Peel le bill de Maynooth, ce sont eux aussi qui ont modifié les idées et le langage de lord John Russell, de lord Palmerston, de M. Macaulay lui-même ; ce sont eux qui font qu'aujourd'hui tous les hommes sensés se prononcent pour la justice et pour la conciliation.

Que faisait pourtant l'Irlande catholique que faisait O'Connell, pendant que la question de Maynooth remuait d'un bout à l'autre l'Angleterre et l'Écosse ? J'ai regret de le dire, l'Irlande catholique se livrait à des démonstrations frivoles et à une agitation puérile. Quelques jours avant la session, O'Connell avait jugé à propos de déclarer qu'il n'irait pas au parlement, et qu'il engageait les vrais amis de l'Irlande à rester comme lui à Dublin. Convertie en décret de l'association, cette boutade d'O'Connell avait obtenu obéissance. Au lieu d'aller à Londres défendre la cause le leur pays et le leur religion, la plupart des membres irlandais catholiques s'amusaient donc à se réunir pompeusement toutes les semaines dans la salle de l'association, pour se faire des complimens entre eux et pour injurier leurs adversaires. Dans les premiers jours de la session, un de ces membres, M. Roche, piqué de quelques paroles fort vives de M. Roebuck contre les déserteurs de Conciliation-Hall, s'était cependant détaché du bataillon sacré pour aller en plein parlement demander raison de ces paroles ; mais, arrêté tout court par le président, M. Roche était revenu reprendre paisiblement sa place au milieu de ses amis. Quant à O'Connell, son temps paraissait absorbé par sa polémique contre les évêques au sujet du bequests-bill, et par la réorganisation du club des volontaires de 1782 avec un nouveau costume [5]. Quelquefois aussi il commentait à sa façon les débats du parlement, et accablait d'invectives les ministres « qui, disait-il, avaient osé faire tomber des douces lèvres de la reine cette phrase impie : Le rappel est en déclin. » Quand vint le bill de Maynooth, il fallut pourtant bien en tenir compte, et on n'hésita pas à déclarer ce bill parfait, admirable, excellent ; toutefois on semblait en même temps se soucier assez peu qu'il réussît. Ainsi les paroles de sir Robert Peel sur l'Orégon devinrent le sujet d'interminables vanteries et de menaces imprudentes. D'un autre côté, le discours de M. Macaulay, ce discours si bienveillant pour l'Irlande, fut mis au ban de l'association comme le plus insolent qui jamais eût été prononcé. M. Macaulay avait dit que l'Irlande devait être traitée en tout sur le pied de la plus parfaite égalité ; mais il avait dit qu'elle n'obtiendrait jamais le rappel, et c'est un crime qui ne pouvait être pardonné. « Quoi qu'en dise ce drôle écossais (scotch fellow) qu'on nomme Macaulay, s'écriait « O'Connell à Dundalk, l'Irlande aura le rappel. C'est à l'Orégon qu'elle doit Maynooth. Il suffit de faire peur à l'Angleterre pour qu'elle ne refuse rien. » Assurément ce n'était pas là le moyen l'aider les hommes qui, au risque de perdre le pouvoir, au risque de compromettre leur élection, luttaient noblement à Londres contre les préjugés, contre les passions de leur pays. O'Connell fit plus encore. Il était question, depuis un an, d'un voyage de la reine en Irlande, et, pour faciliter ce voyage, la corporation de Dublin avait décidé à l'unanimité qu'en cette circonstance aucune manifestation politique n'aurait lieu ; O'Connell prétendit qu'après le défi jeté à l'Irlande par M. Macaulay, cela n'était plus possible, et que le peuple irlandais devait, en se portant sur les pas de la reine, lui faire connaître qu'il voulait le rappel. En conséquence, la corporation revint sur son premier vote, et le voyage de la reine se trouva nécessairement ajourné. Tout cela, je le crains, provenait d'un sentiment étroit, mesquin, peut-être même du dépit qu'éprouvait secrètement O'Connell d'avoir fait fausse route depuis six mois. Il fut au contraire parfaitement dans le vrai quand il dénonça à l'indignation publique l'intolérance du protestantisme anglais et les ignobles injures dont ce protestantisme poursuivait la religion catholique. Il fit observer avec justesse que l'église anglicane se montrait relativement modérée, et que les dissidens avaient la palme de la violence et de la grossièreté. Chose remarquable d'ailleurs, de toutes les églises protestantes, celle d'Irlande semblait la moins effrayée, la moins agitée, la moins indignée. Si quelques orangistes unissaient leur voix à celle des wesléiens anglais, la plupart des protestans d'Irlande attendaient sans beaucoup de bruit la fin de la crise et semblaient se résigner d'avance au triomphe de Maynooth. C'est un fait dont sir Robert Peel, à plusieurs reprises, ne manqua pas de tirer parti, et qui avait sa valeur.

Il faut en finir avec cette question, qui, bien que résolue implicitement, occupa encore plusieurs séances. Un jour, le débat roula tout entier sur la comparaison des livres catholiques donnés aux élèves de Maynooth et des livres protestans employés dans les écoles luthériennes calvinistes et wesléiennes. Des deux parts, on cita des passages fort mauvais, fort scandaleux, et qui prêtèrent à s'indigner et à rire. Un autre jour, le serment du couronnement fut mis sur le tapis, et la reine presque menacée de déchéance. On répéta aussi sous toutes les formes, sur tous les tons, que, l'église établie étant la loi de Dieu, on ne pouvait, sans encourir la colère divine, subventionner une autre église, surtout une église idolâtre.

Quand enfin, après beaucoup de péripéties, arriva le moment de la dernière lecture, il existait, selon les rapports officiels, 8,758 pétitions contre le bill, revêtues de 1,106,772 signatures. De plus, à force d'importunités, plusieurs collèges électoraux avaient obtenu de quatre à cinq membres qu'ils changeassent leur vote ; mais la grande majorité, il faut le dire à son honneur, s'y était péremptoirement refusée, entre autres M. Macaulay, à qui mille électeurs d'Edimbourg venaient d'adresser en vain une lettre menaçante. Dans cette situation, les ultra-protestans crurent devoir faire un dernier effort, un effort suprême, et renouveler toutes leurs invectives contre le papisme. M. Ferrand donna en face à sir Robert Peel le nom de Maroto du parti conservateur, et M. Plumptre appela sur le ministère et sur la majorité les foudres vengeresses du Très-Haut. A tout cela, sir James Graham répondit simplement que, « s'il était le ministre protestant d'une reine protestante, il était aussi le ministre d'une reine qui avait huit millions de sujets catholiques.. » Quant à sir Robert Peel, c'est dans un noble et beau discours qu'il supplia le parlement de terminer dignement cette grande lutte. Il reconnut franchement que l'opinion publique s'était prononcée en Angleterre et en Ecosse contre le bill de Maynooth ; « mais si, dans un gouvernement libre, il fallait toujours respecter l'opinion publique, il était quelquefois, pour les hommes d'état, un devoir rigoureux, celui d'y résister. Au début de la lutte, le bill n'avait peut-être qu'une importance secondaire. Il en avait aujourd'hui une immense par les principes qui s'y rattachaient, et plus encore par ceux à l'aide desquels on était venu le combattre. Si ces derniers principes prévalaient, il faudrait désespérer de tenir unies l'Angleterre et l'Irlande. » Après sir Robert Peel, lord John Russell, à son tour, expliqua la conduite de l'opposition. « L'opposition, dit-il, pouvait renverser le cabinet, mais c'était aux dépens de toute justice et prit de parti, dans les assemblées délibérantes, est une excellente chose, puisque sans lui il n'y aurait jamais d'efforts concertés ; l'esprit de parti, néanmoins, a ses inconvéniens quand on ne le tient pas en bride. » Prenant acte d'une parole de lord Ingestre, qui, tout en votant pour le bill avait avoué qu'il eût voté contre, si les whigs l'eussent présenté, lord John Russell lui laissait tout l'honneur d'une telle déclaration. « Qu'on n'aille pas d'ailleurs, ajoutait-il, crier, comme « d'usage, à l'ingratitude si les Irlandais ne se tiennent pas pour satisfaits. Depuis que les atroces lois pénales ont été abandonnées, ce cri de perroquet revient sans cesse : — Voyez, dit-on, ces catholiques ! on veut bien leur permettre d'élever leurs enfans, d'avoir des prêtres de leur religion, de posséder des chevaux qui valent plus de 50 liv. sterl., d'aller à la messe, d'hériter de leurs parens, et pourtant cette nation sauvage n'est pas contente et réclame encore davantage ! — Oui, elle demande davantage, et elle demandera davantage jusqu'à complète égalité. » Lord John Russell terminait en démontrant l'absurdité du rappel, même pour l'Irlande. Il était donc prêt à le repousser ; mais, pour le repousser honnêtement, efficacement, il fallait accorder à l'Irlande tout ce qui lui était dû. « Que le gouvernement ne s'arrête pas là, et qu'il sache bien désormais que, lorsqu'il s'agit de rendre justice à l'Irlande, ses adversaires « ordinaires sont tout prêts à l'aider. » La division eut lieu après le discours de lord John Russell, et 317 voix contre 184 se prononcèrent pour le bill.

Restait la chambre des lords, cette chambre vénérable où siégent les évêques, et qui si long-temps opposa à l'esprit de réforme une résistance obstinée ; mais la chambre des lords, impuissante sous lord Grey et lord Melbourne, est, sous lord Wellington, l'image même de la docilité. Le vieux duc, le duc de fer (iron duke), comme on l'appelle, se lève à demi, et d'une voix cassée dicte un ordre qui est aussitôt obéi. Or, le vieux duc voulait que le bill passât vite et sans bruit. Malgré le duc de Newcasle, qui, se levant précipitamment, demanda si la reine pouvait faire une telle proposition sans perdre ses droits à la couronne, malgré l'évêque de Londres, l'évêque de Cashel, lord Roden, lord Winchelsea et l'évêque d'Exeter, qui dénoncèrent, comme un péché contre Dieu même, toute subvention à l'église de l'antéchrist, la seconde lecture passa donc en trois séances à 226 voix contre 69, et définitivement à 181 voix contre 50. Parmi ceux qui défendirent le bill, on distingua lord Normanby, lord Stanley, lord Brougham, lord Monteagle, lord Spencer, et même deux évêques, l'évêque de Norwich, dont j'ai déjà parlé, et l'archevêque de Dublin, le docteur Whately, homme très distingué que les whigs ont choisi. On peut juger de la colère où tant de précipitation et une si forte majorité jetèrent le parti ultra-protestant et les journaux qui le représentaient. Il n'y eut pas assez d'injures contre la platitude de la chambre haute et contre la tyrannie de son commandant en chef, le maréchal duc de Wellington. Il fallut pourtant bien se rendre, et remettre à l'époque des élections le châtiment des traîtres et des apostats.

Ainsi se termina ce grand débat, qui avait si généralement, si profondément irrité la fibre protestante. Selon la juste remarque de sir Robert Peel, le sujet de ce débat était assez insignifiant par lui-même, et il paraissait singulier de s'échauffer beaucoup et long-temps pour savoir si l'on donnerait par an à Maynooth 9 ou 27,000 livres ; mais a cette question secondaire deux questions capitales s'étaient jointes, celle de la liberté religieuse et des églises d'état, celle de la situation de l'Irlande et de la justice à lui rendre. Tous les préjugés s'étaient donc réveillés toutes les passions s'étaient émues, et le premier ministre, abandonné outragé par la moitié de sa majorité habituelle, n'avait dû son succès définitif qu'à sa persévérance et au concours généreux de ses adversaires politiques. Enfin la bonne cause triomphait, et les dissidens, qui, dans cette affaire comme dans celle de l'éducation du peuple, avaient espéré faire reculer le gouvernement, s'apercevaient qu'en embrassant un peu tardivement la cause de l'intolérance, ils ne la sauveraient pas. Quant au parti ultra-anglican, battu, décimé, désarmé, il jetait autour de lui de tristes regards, et ne savait plus à qui se rallier. N'avait-il pas été trahi par les hommes sur lesquels il comptait le plus, par lord Stanley, par sir James Graham, par M. Gladstone notamment ? Ne voyait-il pas dans les rangs ennemis les fils aînés, les héritiers de ses chefs principaux, lord Lincoln, lord Jocelyn, lord Blandford ? Il lui restait lors Ashley et sir Robert Inglis, lord Ashley, philanthrope estimable, mais homme d'état médiocre ; sir Robert Inglis, honnête protestant, mais sans talent et sans avenir. La défaite était donc complète et irréparable, à moins que tout d'un coup des rangs obscurs du parlement ou des collèges électoraux il ne surgît pour le parti ultra-protestant un chef et un vengeur.

Faut-il conclure de là que le triomphe de sir Robert Peel fut sans mélange ? Non, certes. Dans la mêlée, sir Robert Peel avait reçu de cruelles blessures, et ce n'est pas sans inquiétude, sans irritation, qu'il voyait la désertion de la moitié de son armée. Néanmoins le fleuve était franchi, et il fallait périr ou compléter son œuvre. Aussi, au moment même du vote de Maynooth, proposa-t-il le second projet annoncé par lui, celui qui créait dans le nord et dans le midi de l'Irlande trois collèges purement laïques, collèges dont le gouvernement nommait les professeurs, qui donnaient l'instruction sans recevoir d'élèves internes, et d'où tout enseignement religieux était soigneusement écarté. Au premier abord, les membres irlandais présens, M. Wyse, M Roche, M. Bellew, M. John O'Connell, M. Sheil, approuvèrent le projet, tout en faisant certaines réserves, tandis que sir Robert Inglis le dénonçait comme « le plan le plus gigantesque d'éducation athée qui eût paru dans aucun pays. » A cela sir Robert Peel répondit que « sir Robert Inglis se plaindrait bien davantage s'il proposait de donner dans les collèges nouveaux l'instruction catholique. Le seul moyen à prendre était donc de laisser à cet égard les parens maîtres de faire tout ce qui leur plairait. » Les radicaux comme les whigs déclarèrent alors qu'ils étaient de l'avis de sir Robert Peel, et l'on put croire qu'aux ultra-protestans prés, le bill panserait presque sans opposition. Mais c'était compter sans le clergé catholique d'Irlande, et surtout sans O'Connell. Las du bequests-bill, O'Connell cherchait une question où il pût se refaire, tout en marchant d'accord avec les évêques et les archevêques. Or, il s'aperçut facilement que ceux-ci étaient peu satisfaits du bill sur l'éducation. Il s'empressa donc d'attaquer ce bill, tout en déplorant la précipitation avec laquelle les membres irlandais avaient semblé l'accepter. Il approuva d'ailleurs cordialement le mot de sir Robert Inglis, et s'unit à lui pour flétrir le bill comme « un bill athée » puis, faisant appel à la hiérarchie catholique, il promit de se soumettre d'avance à son jugement. En conséquence, les évêques se réunirent, délibérèrent entre eux, et déclarèrent que le bill serait funeste à la foi et à la moralité des enfans.

Sûr de l'appui qui lui avait manqué dans l'affaire du bequests-bill, O'Connell alors ne garda plus aucune mesure, et chaque jour on l'entendit tonner contre l'exécrable bill. C'était, selon lui, une tentative abominable pour corrompre, pour souiller la génération actuelle. C'était un vol fait au clergé catholique, que ses saintes fonctions autorisaient seul à nommer les professeurs. C'était pis encore, une imitation impie de la détestable université française ! A la vérité, la jeune Irlande ne partageait pas sur ce point des sentimens d'O'Connell, et dans le club de 82 d'abord, puis à l'association même, il s'éleva entre O'Connell d'une part, et de l'autre MM. Barry et Davis, une très vive querelle. Selon la jeune Irlande et son organe, la Nation, le principe du bill était bon, et O'Connell avait tort. Là-dessus O'Connell tança la Nation, et la jeune Irlande, dit qu'il ne connaissait, quant à lui, que la vieille Irlande, et tout finit par une scène un peu étrange, où O'Connell et M. Davis se jetèrent, les larmes aux yeux, dans les bras l'un de l'autre. Il n'en restait pas moins vrai que la jeune Irlande tenait contre O'Connell pour l'éducation laïque. Enfin les évêques remirent au lord-lieutenant un mémoire signé d'eux tous, et par lequel ils demandaient : « 1° qu'une juste proportion de professeurs et de dignitaires fussent catholiques et approuvés par les évêques ; 2° qu'il fût établi une commission supérieure (board of trustees), dont les évêques catholiques fussent, dans diocèse, membres de droit, et que cette commission nommât révoquât tous les dignitaires ; 3° que les chaires de logique, de métaphysique, d'histoire, de philosophie morale, de géologie, d'anatomie, ne pussent être occupées que par des catholiques, vu qu'autrement la foi et la moralité des élèves seraient exposées à un danger imminent ; 4° que, les étudians ne devant pas loger dans les nouveaux collèges, un chapelain catholique, nommé sur la recommandation de l'évêque et payé par l'état, fût attaché à chacun de ces établissemens. Ces propositions, on le comprendra, n'allaient à rien moins qu'à rendre le clergé maître absolu les nouveaux collèges, et à constituer à côté des universités protestantes une université catholique.

La situation ne laissait pas que d'être assez embarrassante. D'une part, les catholiques irlandais repoussaient le bill ; de l'autre, à la suite de sir Robert Inglis, le Times, le John Bull, le Britannia, le dénonçaient comme athée. Les journaux whigs enfin le défendaient mollement, et en demandant que le collége protestant de Dublin, Trinity College, fût ouvert sans réserve à toutes les communions. Dans le parlement même une motion à l'effet d'examiner les revenus de Trinity College fut faite et rejetée. Néanmoins le cabinet déclara qu'il persistait, et que le mémoire des évêques catholiques ne lui ferait modifier en rien le principe du bill. Pour cette fois, outre le parti ultra-protestant et le parti ultra-catholique, le cabinet eut contre lui la jeune Angleterre, qui, par l'organe de lord John Manners, refusa de voter une mesure qui sacrifiait à une prétendue nécessité politique l'instruction religieuse. En revanche, M. Mimes et M. Gladstone parlèrent pour le bill ; MM. Wyse et John O'Connell continuèrent à l'approuver ; lord John Russell enfin en adopta le principe, tout en critiquant certains détails, et tout en faisant des vœux pour qu'on parvint à concilier la hiérarchie catholique. Quant à sir Robert Peel, il se borna à opposer les uns aux autres les adversaires protestans et les adversaires catholiques du bill, et à demander comment il pourrait les satisfaire tous à la fois. Sir Robert Peel en conclut qu'en Irlande il était indispensable de séparer l'instruction laïque et l'instruction religieuse, bornant à celle-là l'action des collèges, et laissant celle-ci aux soins éclairés des parens : La seconde lecture passa à 311 voix contre 46.

Une telle majorité ne promettait pas un grand succès aux prétentions des évêques catholiques ; mais peu importait à O'Connell, qui, ravi de s'être remis d'accord avec la hiérarchie, voulut exploiter la question jusqu'au bout. Cette question remplaça donc celle du bequests bill, et devint le thème habituel de ses déclamations. Il semblait d'ailleurs qu'en Irlande du moins les circonstances lui fussent favorables, et que sa popularité, un moment éclipsée, brillât de nouveau d'un vif éclat. Le 30 mai, anniversaire de son emprisonnement, une grande démonstration eut lieu à Dublin, et une vaste procession, où l'on remarquait le club de 82 en grand uniforme et des députations de toutes les parties de l'Irlande, alla porter ses hommages à O'Connell, qui les reçut assis sur un magnifique fauteuil de damas vert, sur un fauteuil dont le bois richement sculpté montrait d'un côté la harpe irlandaise, et de l'autre le chiffre 82 entouré de shamrock (espèce de trèfle). Peu de jours après, un grand banquet lui fut donné à Cork, où il parut sur un char de triomphe décoré de toutes sortes d'emblèmes. A Dublin comme à Cork, il ne cessa d'ailleurs de tourner en ridicule ceux qui pensaient que l'aumône de Maynooth fit oublier le rappel, et il insista sur la nécessité d'exclure de la chambre les meilleurs patriotes aux prochaines élections, s'ils ne se prononçaient pas en faveur du rappel. Il annonça en outre que, soutenu par l'approbation des évêques, il irait à Londres combattre le bill athée. En même temps le fameux archevêque de Tuam adressait à sir Robert Peel, au sujet des collèges, une lettre des plus injurieuses. « Monsieur, lui disait-il, le plan d'éducation impie, servile, démoralisateur, que vous n'avez pas honte d'offrir au peuple fidèle d'Irlande, prouve que nous devons être plus inquiets pour la foi et pour les libertés du pays aux époques de cajolerie politique qu'à celles de persécution déclarée. » Tout cela, joint à la mauvaise humeur des tories, au désir assez naturel des whigs de prendre leur revanche, promettait à sir Robert Peel une discussion difficile, et peut-être une nouvelle crise.

Tout cela pourtant s'évanouit comme par enchantement, grace à quelques amendemens heureusement conçus. Dans un premier débat, sir James Graham expliqua les détails du bill et demanda un vote de 21,000 liv. st. pour leur entretien. Là-dessus, M. John O'Connell ayant dit qu'il fallait avoir le temps de connaître le dernier mot des évêques, M. Hume lui répondit assez brutalement que les évêques n'avaient point à se mêler de la question, et la grande majorité parut approuver M. Hume. Quant au gouvernement, il fut plus poli, mais tout aussi explicite, et réduisit aux points suivans les concessions qu'il pouvait faire. 1° Tout en se réservant la première nomination des professeurs, il consentait à ce qu'il fût inséré dans le bill une clause qui permît d'adopter un autre système en 1848, au moment où les collèges se réuniraient pour former une université ; 2° il consentait à ce qu'une licence annuelle fût exigée de ceux qui recevraient les élèves à titre de pensionnaires ; 3° il consentait enfin à ce qu'un secours pécuniaire fût accordé pour la fondation de lieux de réunion (halls) où l'instruction religieuse pourrait être donnée, et qui seraient inspectés, par les ministres des différens cultes. Il refusait positivement d'établir un test religieux quelconque, et de payer directement des chapelains catholiques.

C'est sur le projet ainsi modifié que le débat s'engagea. Lord Mahon proposa un amendement à l'effet de joindre l'instruction religieuse à l'instruction laïque, et cet amendement, combattu par M. Mimes, par Sir James Graham, par sir Robert Peel, eut pour défenseur obligé M. Wyse. M. Wyse, homme très libéral, très éclairé, mais point partisan du rappel, se plaignit à cette occasion qu'à Conciliation-Hall M. John O'Connell lui eût reproché d'être rieniste (anythingarian) plutôt que catholique. M. John O'Connell répondit aussitôt que M. Wyse, étant sur le bill actuel d'un autre avis que les évêques, n'avait qu'une seule voie d'appel, l'appel à Rome, et qu'il ne pouvait, sans cesser d'être catholique, se mettre en rébellion ouverte avec ses pasteurs religieux. On comprend quel parti les ministres tirèrent d'une si singulière déclaration. L'incident vidé, O'Connell prit la parole, et, dans un discours simple, éloquent, modéré, motiva en peu de mots son opposition au projet. Il agrandit d'ailleurs le débat en le portant sur l'ensemble des maux de l'Irlande et sur les désordres dont plusieurs comtés étaient en ce moment même le théâtre déplorable. En définitive, l'amendement de lord Mahon réunit 49 voix seulement contre 189, et un autre amendement de lord John Russell, qui imposait à l'état l'obligation de faire tous les fonds suffisans pour l'instruction religieuse, 47 voix contre 117. Peu de jours après, sir Thomas Acland, ayant proposé un test chrétien un peu vague, fut combattu par sir James Graham et par M. Gladstone, qui firent rejeter sa motion à 105 voix contre 36. Enfin M. Osborne renouvela la demande d'une enquête sur les revenus de Trinity-College, qui, selon lui, montaient à 50,000 liv. st., et M. Sheil, à cette occasion, exprima son opinion sur le bill tout entier. Il préférait l'instruction mixte à l'instruction séparée ; mais il voulait que l'état payât l'instruction religieuse aussi bien catholique que protestante. Il voulait en outre que Trinity-Collège rentrât dans la catégorie générale. Sir Robert Peel défendit Trinity-College comme une fondation particulière, et, sur la question des collèges nouveaux, démontra que dans le système du bill il y avait entre les divers cultes égalité véritable. L'amendement en conséquence fut rejeté par 161 voix contre 91, et le bill adopté par 177 contre 26. Aux lords, malgré bon nombre de pétitions venues des deux pôles opposés, il passa sans discussion et sans division. Tel fut le sort du projet gigantesque d'éducation athée selon sir Robert Inglis, du bill immoral, impie et démoralisateur selon M. O'Connell.

Au même moment à peu près, lord Stanley présentait aux lords un bill sur les fermiers irlandais, qui, bien accueilli d'abord, devait avoir une tout autre destinée. En vertu de ce bill, rédigé après le rapport de la commission d'enquête dont lord Devon était président, le fermier qui faisait certaines dépenses d'amélioration avait droit, de la part du propriétaire, à une compensation, laquelle diminuait graduellement par chaque année de jouissance. En cas de contestation, il appartenait à un commissaire nommé par le gouvernement de décider ce qui était et ce qui n'était pas amélioration, et quelle en pouvait être la valeur. Contre une telle clause, l'esprit propriétaire se révolta, et pour la première fois depuis long-temps on vit se réunir dans une opposition commune des pairs d'opinions fort diverses, lord Londonderry et lord Clanricarde, lord Roden et lord Lansdowne. Lord Fortescue, lord Devon, lord Stanley, soutinrent au contraire la classe timidement et comme gens qui désirent peu le succès. Après une division qui donna 48 voix en faveur de la seconde lecture et 34 contre, lord Stanley finit par consentir à ce que le bill fût renvoyé à un choisi. C'était bien et dûment l'enterrer, du moins, pour la session.

Le plan financier, la question de Maynooth et celle des collèges laïques avaient, pendant six mois, absorbé presque uniquement l'attention du pays. Pour compléter ce tableau de la session, il faut pourtant dire un mot de quelques autres questions qui ne manquèrent pas d'importance. Une de ces questions est celle qui touche aux universités écossaises. Pour faire partie des universités écossaises, un vieil acte, dirigé contre les épiscopaux, exigeait qu'on prêtât serment à l'église presbytérienne établie ; mais depuis long-temps cet acte était tombé en désuétude, et plusieurs non-conformistes avaient constamment, dans ces dernières années, figuré au nombre des professeurs et des dignitaires de l'université. Bien plus, trois épiscopaux, sir Robert Peel, sir James Graham et lord Stanley, avaient successivement occupé par élection la place de chancelier de l'université de Glasgow. Cependant, en 1844, après la scission de l'église écossaise, les universités s'avisèrent de faire revivre l'acte périmé en l'appliquant, non plus aux épiscopaux, mais aux presbytériens dissidens. Ainsi des professeurs très distingués dans les sciences naturelles se trouvaient exclus, parce qu'ils avaient suivi le docteur Chalmers dans sa séparation. Cela était absurde, indigne du XIXe siècle, et dans la dernière session M. Fox Maule avait voulu y remédier par une motion qui fut rejetée à 128 voix contre 101. En 1845, M. Rutherford reprit la question, en s'étonnant que le gouvernement prétendît maintenir en Ecosse un principe qu'il détruisait en Irlande. C'était le moment du bill de Maynooth, et l'argument portait coup. Sir James Graham, au nom du gouvernement, promit donc d'examiner ; puis, peu de jours avant la clôture, il déclara que tout examen fait, et après avoir pris l'avis de l'assemblée générale de l'église, il avait résolu de conserver l'ancien test. L'inconséquence était trop palpable, trop flagrante, pour qu'on ne la relevât pas, et ce fut M. Macaulay qui se chargea de le faire avec sa vigueur ordinaire. La motion de M Macaulay n'en fut pas moins rejetée, mais seulement par 116 voix contre 108. Pour l'église libre d'Écosse, qui, dans l'affaire de Maynooth, avait montré tant d'intolérance, la leçon n'était pas mauvaise ; pour la cause de la justice et de la liberté religieuse, c'était un fâcheux échec, un échec, auquel on n'aurait pas dû s'attendre.

Au nombre des questions du même ordre, il convient encore de placer une motion de M. Christie, à l'effet de faire une enquête sur les revenus, les privilèges, les réglemens des universités d'Oxford et de Cambridge, ainsi que sur l'état de l'enseignement en Angleterre. M. Christie, qui donna sur ce vaste sujet de curieux détails, fut appuyé par M. Ewart et lord Palmerston, et combattu par sir Robert Inglis et M. Goulburn. La motion obtint en définitive 82 voix contre 143. Il convient de mentionner aussi le bill sur la réunion des évêchés de Bangor et de Saint-Asaph, que lord Powis présenta de nouveau, et qui de nouveau fut rejeté à 129 voix contre 97. Je ne ferai que citer en passant les bills sur les banques d'Écosse et d'Irlande, le bill sur les pauvres d'Écosse, le bill sur l'appropriation des biens communaux, qui furent votés après quelques discussions. Plusieurs autres bills, tels que le bill sur l'exercice des professions médicales et le bill sur les jardins de pauvres, rencontrèrent de grandes difficulté et durent être ajournés à la session

suivante. Quant aux bills de chemins de fer, ils furent si nombreux et si
compliqués, que le parlement dut, à plusieurs reprises, réviser tous ses
règlemens et adopter une multitude de résolutions nouvelles. Des comités
spéciaux de cinq membres chacun furent établis, d'où l'on exclut l'intérêt
local. Le parlement décida en outre que ces comités étaient obligatoires, et
qu'aucun membre n'avait le droit de s'abstenir l'y paraître. Comme un tel
article était d'une exécution difficile, et que les membres irlandais, entre
autres, avaient publiquement déclaré qu'ils résisteraient à l'autorité du
parlement, un membre proposa un beau jour de conserver seulement le
vote définitif sur les chemins de fer, et de renvoyer au bureau du commerce
toutes les opérations préliminaires ; mais sir Robert Peel combattit cette
proposition comme attentatoire aux prérogatives de la chambre, et les
choses continuèrent à marcher tant bien que mal. De nombreux abus
d'ailleurs furent signalés dans les deux chambres, abus si graves que le
président du bureau de commerce lord Dalhousie, dut les reconnaître à la
chambre des lords, et proposer la réforme radicale du bureau chargé de
l'examen préparatoire des projets. A ce sujet aussi il y eut aux communes
une discussion fâcheuse, et de laquelle il résulta de telles charges contre un
membre actuel et un ancien membre du parlement, tous deux
fonctionnaires publics, que sir Robert Peel se vit contraint de les
abandonner. En somme, le parlement, dans cette seule session, vota 4,250
kilomètres de chemins de fer dont la construction, d'après les devis, doit
coûter près d'un milliard ; encore beaucoup de projets furent-ils rejetés ou
ajournés à la prochaine session comme n'étant pas suffisamment préparés.
Il n'est pas étonnant que les hommes sensés conçoivent quelques
inquiétudes, et se demandent si la fortune de l'Angleterre, toute bien assise
qu'elle est, pourra soutenir un tel poids.

Cette année comme les années précédentes, la ligue contre les lois des
céréales fit sa démonstration habituelle et voulut compter ses voix. En
1844, M. Villiers ait réuni, en faveur de la liberté commerciale 124 voix
contre 328 ; en 1845, le même M. Villiers obtint 122 vois contre 254, c'est-
à-dire un chiffre relativement un peu plus fort. Quelques jours auparavant,
M. Hutt, dans la même pensée, avait proposé d'accorder au blé de
l'Australasie le même privilège qu'au blé du Canada, et M. Ward de
soumettre à une enquête les charges particulières qui pèsent sur la terre et
les privilèges dont elle jouit ; mais la motion de M. Hutt avait été rejetée par
147 voix contre 93, et celle de M. Ward par 182 voix contre 109. Enfin, vers
les derniers jours de la session, lord John Russell, au nom de l'opposition,
crut devoir lire une grande motion sur l'état du pays, et proposa à la
chambre une série de résolutions qui n'embrassaient rien moins que la
liberté du commerce, les loi sur les céréales, la colonisation, l'éducation
publique, et plusieurs autres questions également importantes. C'était
singulièrement élargir le cercle du débat et le rendre, par son étendue même,

insignifiant et vague ; aussi la chambre, malgré l'autorité de lord John Russell, n'y prêta-t-elle qu'une médiocre attention. D'une part, lord Howick et lord John Russell firent de l'état matériel et moral du pays un tableau triste et décourageant ; de l'autre, sir James Graham et sir Robert, Peel prétendirent que ce tableau n'était pas exact, et nièrent la détresse des classes pauvres. Puis vint, au nom du parti agricole, M. Tyrrel, qui se plaignit vivement de sir Robert Peel, et, au nom du parti radical, M. Sharman-Crawford, qui aux neuf résolutions de lord John Russell en joignit une dixième concernant le suffrage universel. Tout cela dit, l'amendement Crawford réunit 33 voix contre 253, la motion Russell 104 voix contre 182, et le rideau tomba sur cette discussion sans but, sans unité, sans intérêt, sur cette froide et vaine comédie parlementaire que tout le monde jugea peu digne le son auteur.

La fin de la session fut un peu ranimée par trois ou quatre questions de privilège qui surgirent tout à coup dans les deux chambres. On se souvient qu'en 1840 une contestation fort sérieuse s'était élevée entre la chambre des communes et la cour du banc du roi au sujet l'une action en diffamation dirigée par M. Stockdale contre l'imprimeur de la chambre. Après une lutte prolongée et divers incidens curieux, l'affaire avait fini par un but qui désormais mettait les papiers imprimés par ordre de la chambre à l'abri de toute attaque ; il restait cependant à vider une action intentée par l'avoué de M. Stockdale, le nommé Howard, contre le sergent d'armes qui, toujours par ordre de la chambre, l'avait ris en prison, et cette question, la cour du banc du roi venait de la décider en faveur de Howard. Or, en 1845 comme en 1840, trois opinions étaient en présence celle de M. Wylde, de M. Roebuck, de M. Hume, qui voulaient que la chambre entrât immédiatement en lutte avec la cour du banc du roi, et se fît, par la force s'il le fallait, justice à elle-même ; celle de sir Robert Inglis, deM. d'Israëli, de lord Mahon, de M. Kelly, qui demandaient que la chambre se soumît, sauf à mieux établir ses droits par un bill ultérieur ; celle de sir Robert Peel, de lord John Russell, de M. Wynn, de M. Thesiger, qui pensaient que la chambre ne pouvait céder, mais qu'elle devait, avant d'engager le combat épuiser tous les moyens légaux et réguliers : ils proposaient donc que la chambre des communes se pourvût provisoirement devant la chambre des lords contre l'arrêt du banc du roi. Cet avis prévalut à 82 voix contre 48.

Quelques jours après, un M. Parret, qui avait comparu comme témoin dans une enquête parlementaire, se plaignit qu'une action eût été dirigée contre lui au sujet de sa déposition par un nommé Philipps. C'était le commencement d'une affaire analogue à celle de Stockdale. Cependant M. Philipps, appelé à la barre, s'excusa sur son ignorance, renonça à son action, et fut en conséquence renvoyé. A la chambre des lords, le même cas se présenta presque aussitôt ; et, comme M. Philipps, M. John Harlow fut appelé à la barre pour rendre compte d'une action intentée par lui contre

Thomas Baker, au sujet le sa déposition devant un comité. M. Harlow ayant maintenu son action, il s'ensuivit un débat curieux, dans lequel lord Brougham prit parti contre les privilèges parlementaires. Il ne nia pas que les témoins ne dussent être protégés ; mais il soutint que la chambre n'avait pas le droit d'entraver une action judiciaire, et qu'elle devait attendre que la question lui revînt par voie l'appel. Lord Campbell et lord Lyndhurst combattirent énergiquement cet avis. Les témoins étaient obligés de déposer devant le parlement ; le parlement devait, d'une manière absolue, les mettre à l'abri de toute action. La chambre presque entière partagea l'opinion de lord Campbell et de lord Lyndhurst. M. Harlow et son avoué furent donc mis en prison ; le lendemain ils demandèrent excuse et furent renvoyés.

Ce n'est pas tout. Lord Brougham ayant fait repousser le chemin de fer de Galway en dénonçant dans ce bill plus de trois cents violations des règles parlementaires établies, un membre irlandais, M. French, qui avait pris ce chemin sous sa protection, dirigea contre lord Brougham, dans la chambre des communes, une attaque des plus vives et toute personnelle. La chambre était ce jour-là peu nombreuse et peu attentive : M. French parlait assez bas, de sorte que personne ne l'entendit et qu'aucun rappel à l'ordre n'intervint ; mais le lendemain, les journaux, le Times notamment, reproduisirent ses paroles. Lord Brougham alors proposa d'appeler à la barre, non pas M. French, mais le Times, comme coupable d'avoir violé les privilèges de la chambre. M. French ayant saisi la première occasion de déclarer que les paroles incriminées étaient bien réellement les siennes et n'avaient point été inventées par le Times, le cas devenait assez embarrassant. Lord Brougham le sentit et retira sa motion.

On peut, dans tous ces conflits, reconnaître l'esprit anglais, qui toujours procède par précédens plutôt que par loi écrite. A plusieurs reprises, on a engagé le parlement à définir nettement ses privilèges et à les consacrer par un bill, de sorte qu'aucune cour de justice ne pût plus, les contester. Le parlement s'y est toujours refusé, en alléguant que ce serait limiter un pouvoir qui, dans l'intérêt public, doit rester illimité. Des privilèges indéfinis et une force matérielle toujours prête à les faire respecter, voilà ce que le parlement anglais possède de temps immémorial, et ce qu'il veut conserver aujourd'hui. Reste à savoir s'il y parviendra, et si ici, comme ailleurs, un sage esprit de transaction ne devra point prévaloir.

Si je n'ai rien dit encore des affaires étrangères, c'est que sur ce terrain il y eut, pendant les sessions de 1844 et 1845, bon nombre de discussions, mais pas une lutte véritable. La raison en est simple. Lord Palmerston, sans doute, est toujours prêt à soutenir que sir Robert Peel abaisse partout son pays, et notamment qu'il met l'Angleterre à la remorque de la France ; mais cela est si faux, si absurde, si ridicule, que ni les radicaux, ni la grande majorité des whigs, ni même la plupart de ses anciens collègues, n'osent suivre le noble lord dans une telle voie. Force est donc à lord Palmerston de parler sans conclure, et de subir sans répliquer l'éternel défi que lui jette sir Robert Peel. Un jour pourtant, au début de l'affaire de Taïti, le premier ministre avait prononcé des paroles qui pouvaient paraître imprudentes et légères ; mais le premier ministre connaissait son monde, et savait de quel ton il faut parler à certaines personnes pour se faire entendre d'elles. Dans cette circonstance, comme dans toutes les autres, l'évènement lui donna raison, et sur Taïti, aussi bien que sur le Maroc, l'opposition fut forcée de convenir que les intérêts et l'honneur du pays avaient été dignement défendus. Elle ne put non plus blâmer le dernier traité de visite, qui, sir Robert Peel le démontra facilement, était plus efficace, et en définitive, sans blesser la France au même point, plus favorable à l'Angleterre que le traité précédent. Aucun vote d'ailleurs à demander sur la Grèce, sur la Syrie, sur le Texas, puisque sur la Grèce, sur la Syrie, sur le Texas, il n'existait au fond aucune différence entre la politique ministérielle et la politique de l'opposition. Pas un mot à dire sur l'Orégon après la déclaration si fière, si décisive, de lord Aberdeen et de sir Robert Peel. Dans sa détresse, il ne restait plus à lord Palmerston qu'une ressource, celle de démontrer que le cabinet négligeait sur terre comme sur mer l'armement du pays, et que la marine française particulièrement était incomparablement supérieure à la marine anglaise. C'est à cette démonstration qu'avec l'aide de son ami sir Charles Napier, lord Palmerston consacra cinq ou six séances au moins. Il faut reconnaître qu'il soutint la gageure avec beaucoup d'esprit, beaucoup de talent, et plus encore de persévérance. Malgré cela, ni le cabinet, ni la chambre, ni le pays ne purent prendre la chose au sérieux.

Trois questions extérieures, bien que l'esprit de parti ne s'en soit point emparé, méritent pourtant d'être examinées à part en quelques mots, celle du Canada, celle des réclamations espagnoles, celle du traité avec le Brésil.

On sait qu'en 1842, contrairement à la vieille politique anglaise, le gouverneur tory du Canada, sir Charles Bagot, avait cédé à la chambre canadienne et consenti à prendre le pouvoir exécutif au sein de la majorité. On sait qu'en conséquence un des chefs du parti français M. Lafontaine, et le chef du parti radical anglais, M. Baldwin, étaient devenus ministres. Sir Charles Metcalfe, qui succéda à sir Charles Ragot, essaya de gouverner d'après le même principe ; mais un beau jour on apprit que, M. Lafontaine et M. Baldwin ayant demandé que toutes les nominations se fissent en conseil, et qu'en conseil aussi se décidât la question de savoir si la sanction royale serait dominée ou refusée, sir Charles Metcalfe avait résisté et accepté la démission des ministres. De là entre la chambre des communes et le gouverneur un conflit qui se termina par la dissolution de la chambre et par la nomination d'un nouveau cabinet (MM. Viger, Daly, Draper, Morris, Papineau, frère du Papineau de 1839), pris tout entier parmi les libéraux modérés. Voici comment se posait la question. La chambre canadienne prétendait que MM. La fontaine et Baldwin n'avaient fait que tirer la conséquence rigoureuse des principes reconnus par sir Charles Metcalfe lui-même, et qu'à Montréal, comme à Londres et à Paris, tout le pouvoir exécutif devait être confié aux ministres. Si Charles Metcalfe répondait qu'une telle conséquence, rigoureusement appliquée, ferait du Canada un état indépendant, et que les résolutions adoptées en 1841 sur la responsabilité du gouvernement n'avaient point une si grande portée. Le débat vint en 1844 jusqu'à la chambre des communes, où M. Roebuck soutint l'avis des chambres canadiennes ; mais les whigs, quelques radicaux même, donnèrent raison à sir Charles Metcalfe. Les nouvelles élections ayant tourné en faveur du cabinet Viger, qui a 39 voix contre 36, l'ordre légal est rétabli pour le moment ; cependant la question n'en reste pas moins indécise, et, pour qu'elle se ranime, il faut un déplacement de deux voix seulement.

La question des réclamations espagnoles donna lieu à un plus vif débat. Voici ce dont il s'agissait. Venezuela, bien qu'état à esclaves, avait fait admettre ses sucres au droit des sucres libres, en alléguant un traité qui lui assurait le traitement des nations les plus favorisées. L'Espagne prétendit que les traités de 1667 et de 1713 lui donnaient droit au même privilège, et demanda en conséquence que les sucres de Cuba et de Porto-Rico fussent admis comme ceux de Venezuela. C'était d'un coup renverser la loi des sucres et détruire la fameuse distinction que sir Robert Peel avait eu tant de peine à défendre : aussi lord Aberdeen repoussa-t-il péremptoirement les prétentions du cabinet de Madrid, en soutenant 1° que les traités en question n'existaient plus, 2° qu'existassent-ils, ils étaient inapplicables, vu qu'ils assuraient aux commerçans, non aux produits espagnols, le traitement des nations les plus favorisées. Néanmoins lord Clarendon aux lords, lord Palmerston aux communes, relevèrent la question, et en firent le sujet d'un grand débat où furent passées en revue toutes les relations Internationales de l'Angleterre et de l'Espagne. M. Gladstone, qui était ministre du commerce lors de la négociation, prit au contraire parti pour le cabinet, et la motion fut rejetée à 175 voix contre 87. Dans le cours du débat comme dans la correspondance produite, il apparut quelques faits assez intéressans pour la France, entre autres celui-ci. En 1844, M. Bulwer, ayant découvert qu'il y avait une différence entre certains droits payés par la France et ceux payés par l'Angleterre, adressa une réclamation formelle à M. Viluma, alors ministre. M. Viluma répondit « que, les bâtimens espagnols étant favorisés dans les ports français, il ne pouvait guère s'empêcher d'accorder à la France un privilège analogue. » Cependant il ajouta « qu'il ne pouvait ni ne voulait le faire en vertu du traité que la France invoquait, celui du pacte de famille. » M. Bulwer aussitôt s'empressa de faire observer à M. Viluma « que le pacte de famille n'était plus en vigueur, et que l'Espagne avait promis de ne le rétablir jamais ; » puis il donna avis à son gouvernement de cette circonstance. Dès que lord Aberdeen apprit que M. Bresson avait parlé du pacte de famille, il adressa à M. Bulwer, en date du 17 juin 1844, la dépêche dont voici un extrait :

« Le gouvernement de sa majesté ne peut penser que la réclamation de l'ambassadeur français en faveur du commerce de son pays n'ait d'autre fondement que l'existence supposée d'un pacte de famille entre les couronnes d'Espagne et de France. Si pourtant il en est ainsi, une pareille prétention a été très justement repoussée par M. Viluma, et, dans le cas où elle se renouvellerait, vous aurez à déclarer que vous regardez cet engagement comme annulé. Il n'est pas nécessaire de rechercher si la raison dont s'appuie M. Viluma (le changement de dynastie) est la meilleure possible. Des évènemens d'une date fort antérieure au changement qui a eu lieu dans la dynastie ont, depuis long-temps, mis fin au traité de 1761, et ces évènemens ont été suivis par un engagement solennel de l'Espagne envers la Grande-Bretagne, dans l'article séparé signé à Madrid le 5 juillet 1814, que jamais elle ne renouvellerait un traité de cette nature. Le gouvernement de sa majesté n'a pas besoin d'autre argument pour l'autoriser à protester contre tout appel qui serait fait aux stipulations de ce pacte. »

J'ai mentionné cet incident, bien qu'étranger à la lutte des partis en Angleterre, parce que j'y vois une nouvelle preuve de la cordialité qui règne en Espagne, comme ailleurs, entre les deux gouvernemens.

L'affaire du traité brésilien est d'une autre nature et beaucoup plus grave. En 1826, le gouvernement brésilien avait signé avec l'Angleterre une convention pour la répression de la traite, qui établissait un droit de visite réciproque. Cette convention étant expirée, le gouvernement brésilien, au commencement de 1845, refusa de la renouveler. Qu'imagina alors le cabinet tory ? Se souvenant d'un bill par lequel lord Palmerston avait purement et simplement conféré à l'Angleterre le droit d'arrêter et de condamner certains bâtimens portugais, le cabinet tory prétendit que l'article 1er du traité de 1828 constituait de la part du Brésil l'obligation permanente, irrévocable, de réprimer la traite, et qu'à défaut du Brésil l'Angleterre était en droit de faire exécuter cette obligation. Il proposa donc un bill qui autorisait les croiseurs anglais à saisir les bâtimens brésiliens qui seraient suspects, à les visiter, à les faire juger par un tribunal anglais, à les confisquer même s'il y avait lieu. Le même bill permettait de délivrer des lettres de marque à quiconque voudrait faire l'office de croiseur Assurément, il y avait là matière à grave débat, et violation, au moins fort présumable, du droit des gens maritime ; mais on n'y regarde pas de si près en Angleterre, quand il s'agit d'une puissance faible, et quand on sait que personne ne prendra en main la cause de cette puissance. M. Gibson eut donc seul l'honneur de protester contre un tel abus de la force, et c'est avec le plein assentiment de lord Palmerston que sir Robert Peel fit prévaloir ce qu'il appelait singulièrement un casus foederis.

La session finissait, et il ne restait plus, selon l'usage introduit par lord Lyndhurst, qu'à la passer en revue dans un dernier discours d'opposition. Ce fut lord. John Russell qui, s'en chargea. Assurément, le thème était beau. Sous le ministère Melbourne, lord Lyndhurst triomphait annuellement de la faiblesse du cabinet, et, pour prouver cette faiblesse, comptait toutes les mesures que l'opposition tory avait arrêtées au passage. Lord John Russell pouvait à son tour démontrer la faiblesse du cabinet en énumérant toutes les mesures qui, sans le secours de l'opposition, auraient été rejetées. C'est un résultat positif qui valait bien le résultat négatif de lord Lyndhurst, et qui était plus honorable ; seulement, pour donner à cette revanche toute sa force, il eût fallu la parole acérée de M. Macaulay. Lord John Russell, plus calme, plus modéré, se borna à prendre acte, dans quelques phrases dignes et froides, de certains échecs du cabinet et surtout de certaines lacunes, volontaires ou non, dans les mesures qu'il avait présentées. Il lui demanda, par exemple, ce que devenait le bill sur les listes électorales et sur les municipalités d'Irlande. Enfin, il proclama encore une fois la nécessité d'égaliser les deux églises irlandaises ; soit en dotant l'église catholique, soit en supprimant l'établissement protestant. Sir James Graham répondit qu'il ne consentirait jamais à la suppression de l'établissement protestant, et que la dotation de l'église catholique était une question de circonstance ; puis la session se termina paisiblement, accusée par les uns de stérilité, par les autres d'une fécondité malheureuse.

IV.

Si je ne me trompe, le simple rapprochement des faits que je viens de raconter répond suffisamment à la première question que je m'adressais en commençant. Sir Robert Peel, à l'ouverture de la session, avait en face de lui des adversaires pleins d'ardeur et d'espoir, à ses côtés des amis froids et mécontens. Nul doute que s'il eût hésité, tâtonné, cherché à satisfaire tout le monde, il n'eût succombé sans profit pour son parti, sans honneur pour lui-même ; mais sir Robert Peel est de ces hommes qui ont le coup d'œil assez sûr pour voir dans chaque circonstance quel est le véritable intérêt du pays, l'ame assez haute pour préférer une chute honorable à un pouvoir misérablement conservé, le caractère assez ferme pour persévérer dans la ligne qu'ils se sont tracée, malgré les obstacles, malgré les dangers qu'ils rencontrent sur leur chemin. Convaincu que la vieille politique commerciale et la vieille politique religieuse avaient fait leur temps, il résolut d'entrer dans une voie nouvelle, et d'inviter le parti conservateur à l'y suivre ; puis, le combat commencé, rien ne parvint à le faire reculer ni fléchir. C'est ainsi, il faut le dire, qu'on se montre homme d'état véritable ; c'est ainsi que l'on se rend digne de gouverner un grand pays, et qu'on le gouverne en effet.

Cependant, il faut le reconnaître, pour que sir Robert Peel réussît, il ne suffisait pas qu'il montrât beaucoup de résolution et de courage. Il fallait encore que sa cause fût bonne ; il fallait aussi qu'il y eût au sein des vieux partis un ébranlement profond et des germes actifs de dissolution intérieure. Que la cause de sir Robert Peel fût bonne, je ne prendrai pas la peine de le démontrer. Quant aux vieux partis, il y a long-temps déjà qu'ils tendent à briser l'enveloppe où l'habitude les renferme. Dès 1834, tout le monde comprenait et disait que, sous des écorces diverses, le parti whig et le parti tory modéré cachaient à peu près les mêmes idées et les mêmes principes. Dès 1834, on prévoyait que, soit au pouvoir, soit hors du pouvoir, ces deux grandes fractions du parlement finiraient par se donner la main. Peut-être, en 1834, cela allait-il se faire, quand l'imprudent coup de tête de Guillaume IV vint rejeter les whigs vers les radicaux, les tories modérés vers les tories exaltés, et empêcher la fusion qui se préparait. Depuis ce moment, la force des positions prises et l'ardeur de la lutte maintinrent la séparation, sans que le fond des cœurs en fût sensiblement modifié. Tout était donc prêt, non pour une coalition de personnes, mais pour un rapprochement d'idées et d'opinions. C'est à cette disposition que s'adressa sir Robert Peel, et c'est elle qui dans la lutte, le servit si puissamment.

Quoi qu'il en soit, après avoir rallié tous les hommes éminens de son parti, après avoir dompté ceux qui, depuis dix-huit mois, tendaient sans cesse à s'insurger contre lui, après avoir enlevé à l'opposition ses meilleures armes et ses argumens les plus forts, sir Robert Peel restait maître du champ de bataille et terminait glorieusement la session. C'était un grand succès. Reste à savoir d'une part si ce succès doit être durable, de l'autre si, pour l'obtenir, sir Robert Peel a mérité les graves reproches qui lui sont adressés. Avant de résoudre cette double question, il convient de jeter un coup d'œil rapide sur l'état des trois royaumes depuis la clôture de la session.

En Angleterre, après deux débordemens formidables ; celui du surplis et celui de Maynooth, les passions religieuses semblent à peu près rentrées dans leur lit. De temps en temps, on entend encore quelques bruits sourds, aujourd'hui dans les profondeurs d'Exeter-Hall, demain sur les hauteurs des conférences wesléiennes. De temps et temps aussi, certains journaux sonnent le glas du protestantisme et appellent les vengeances divines et humaines sur la tête de Judas Peel ; mais l'opinion publique, en est peu agitée, et d'autres intérêts ont repris le dessus. On aurait pourtant tort de regarder la question religieuse comme morte ; elle est seulement assoupie, et il faudrait peu de chose pour la réveiller de nouveau. On en a eu récemment une preuve singulière. Vers la fin de la session, M. Thesiger, nommé attorney-général en remplacement de sir William Follett, décédé, M. Fitzroy Kelly, nommé sollicitor-général en remplacement de. M. Thesiger, avaient eu grand' peine à défendre leur vote en faveur de Maynooth, l'un à Abington, l'autre à Cambridge, et n'avaient été réélus qu'à de très faibles majorités ; mais c'était au fort du débat devant des collèges tories. Le collège de Southwark, devenu vacant par la mort de sir Benjamin Wood, est au contraire un collège très radical, et l'élection avait lieu plus d'un mois après

la session. Cependant peu s'en est fallu que le candidat tory, M. Pilcher, qui
se prononçait contre Maynooth, ne l'emportât sur sir William Molesworth,
candidat radical, qui très noblement déclarait que, membre de la chambre, il
eût voté pour le bill. Ce n'est pas tout : un troisième candidat, M. Myall,
plus radical que M. Molesworth, et rédacteur du journal des dissidens, le
Non-Conformiste, avait surgi et s'appuyait comme M. Pilcher de son
antipathie contre Maynooth. Sait-on ce qu'il imagina ? De faire un crime à
M. Molesworth d'avoir été l'éditeur des œuvres de Hobbes, cet écrivain
impie. Partout ailleurs on eût répondu à M. Myall que les opinions
religieuses de Hobbes, et même de son éditeur, ne regardaient personne ;
mais la réponse eût été mal prise, et sir William Molesworth se vit obligé, de
disserter longuement sur Hobbes et de soutenir qu'on ne pouvait trouver
dans tous ses ouvrages un seul passage anti-chrétien. C'est en donnant ainsi
Hobbes un brevet de christianisme que William Molesworth triompha de
ses adversaires réunis, et fut enfin élu à 1,942 voix contre M. Pilcher 1172,
et M. Myall 353.

Je le répète, les questions religieuses dorment en ce moment en
Angleterre, mais d'un sommeil, léger, et que troublera le plus petit incident.
En attendant, les questions industrielles, un instant négligées,
recommencent à occuper les esprits. J'ai, en 1843, parlé longuement de la
ligue et de ses efforts si constans et si bien combinés [6]. Depuis cette
époque, bien qu'elle ait peut-être fait un peu moins de bruit, elle est loin
d'avoir décliné. Ainsi, en 1843-44, elle avait recueilli par voie de
souscription 50,000 liv. sterl. à peu près. Elle a recueilli 116,000 livres en
1844-45. Et ce n'est plus seulement à tenir des meetings, à répandre des
journaux, à expédier des brochures sur tous les points du royaume, que cet
argent est consacré ; une idée plus féconde, plus hardie, est venue à M.
Cobden et se pratique aujourd'hui. Cette idée, c'est non seulement de
surveiller avec soin la révision des listes électorales, mais encore de mettre la
loi à profit comme le font les propriétaires fonciers, et de créer des électeurs
industriels à 40 shel., comme on crée des électeurs territoriaux. Dans ses
excellentes Études sur l'Angleterre, M. Léon Faucher donne sur cette
grande manœuvre les détails les plus précis, et prouve qu'elle a déjà très
probablement changé la majorité dans plusieurs bourgs et comtés. La ligue
d'ailleurs a étendu le cercle de ses projets, et ne se borne plus à demander
l'abolition des lois sur les céréales ; c'est la liberté absolue des échanges
qu'elle réclame, et déjà elle a son projet de budget, qui, chose assez étrange,
a été rédigé non par un de ses membres, mais par un employé supérieur du
bureau de commerce, M. Macgrégor. D'après ce projet de budget ; il n'y
aurait que quatre sortes d'impôt : 1° un impôt direct sur les terres et sur les
revenus produisant 11,000,000 livres st. à peu près ; 2° un droit de timbre et
d'enregistrement produisant 7,500,000 livres ; 3° un droit sur les esprits
distillés à l'intérieur et sur la drèche tant indigène qu'étrangère, produisant

10,000,000 livres ; 4° enfin un droit à l'importation sur le thé, le sucre, le café et le cacao, le tabac, les esprits distillés, les vins, les fruits secs, les épiceries, produisant 21,500,000 livres : en tout 50,000,000 sterl. Tel est le budget auquel la ligue se rallie, tout en espérant qu'un jour il pourra être réduit.

Il faut en convenir, c'est là une association très sérieuse, très puissante, et qui le deviendrait encore plus, si quelque chef de parti consentait à se mettre à sa tête. Elle le sent, et se tient prête à investir de tous ses pouvoirs l'homme politique qui voudrait accepter pleinement ses principes. L'an dernier, à Wakefield, une entrevue publique eut lieu à ce sujet entre M. Cobdeu et lord Morpeth ; tout en manifestant une grande sympathie pour la ligue, lord Morpeth crut devoir faire quelques réserves, et la négociation en resta là. En attendant, sous la direction de M. Cobden, de M. Wilson, de M. Bright, la ligue intervient dans les élections pour peu que les chances lui semblent favorables. Quelquefois c'est avec succès, quelquefois aussi, comme tout dernièrement à Sunderland en compromettant la cause libérale. Aux dernières élections, Sunderland avait élu à une forte majorité lord Howick fils aîné de lord Grey ; à la mort de lord Grey, lord Howick passa à la chambre des lords, et dut être remplacé. La ligue aussitôt envoya à Sunderland M. Bright, qui présenta aux électeurs le colonel Thompson, ligueur déterminé et pur radical ; mais un candidat tory, M. Hudson, surnommé le roi des chemins de fer, s'était mis sur les rangs de son côté, et opposait la séduction des embranchemens à celle du pain à bon marché. Dans cette lutte étrange, les chemins de fer l'emportèrent, et la ligue fut vaincue à 627 voix contre 497. Quoi qu'il en soit, avec le talent et l'activité de ses membres, ses grandes ressources pécuniaires, la faveur des classes moyennes et les voix dont elle dispose dans la chambre, la ligue est une puissance que le ministère tory peut dédaigner, mais avec laquelle un ministère libéral aura nécessairement à traiter.

Voilà pour l'Angleterre. Quant à l'Écosse, elle est à peu de chose près dans la même situation. En 1843, 470 ministres s'étaient retirés de l'église presbytérienne établie pour former une église libre. Cette église compte maintenant 620 ministres et 800 congrégations, qui embrassent plus d'un tiers des souscriptions recueillies pour l'établissement d'églises et d'écoles montaient en juillet dernier à 726,000 liv, dont 320,000 avaient été dépensées. Toutefois l'église libre continue à rencontrer une vive résistance de la part de certains grands propriétaires fonciers, qui refusent de lui vendre quelques parcelles de terrain où elle puisse s'établir convenablement. Elle se trouve obligée, en plusieurs lieux, de rassembler les fidèles en plein air, sous la tente, et de les exposer ainsi à toute l'inclémence des saisons. L'église libre se plaint amèrement d'une telle intolérance, et elle a raison ; mais, par une triste contradiction, en même temps qu'elle s'en plaint, elle-même persiste dans ses colères contre le catholicisme et déclare de nouveau, en revenant sur le bill de Maynooth, « que le gouvernement n'a pas le droit d'encourager la vérité d'une main et l'erreur de l'autre. »N'est-ce pas précisément en vertu d'un principe analogue que les grands propriétaires qu'elle accuse lui refusent le moyen de bâtir ses temples et de propager ainsi ses doctrines ? Les propriétaires dont il s'agit croient qu'elle est dans l'erreur, et suivent à son égard la politique qu'elle conseille au gouvernement à l'égard des catholiques. Les propriétaires sont même plus dans leur droit que le gouvernement, puisqu'après tout leur terre leur appartient, tandis que le trésor public puise partout et appartient à tout le monde.

L'état de l'Irlande est beaucoup plus grave, et fait craindre qu'une nouvelle crise ne se prépare pour ce malheureux pays. Ce n'est pas qu'en ce moment les populations catholiques soient politiquement fort agitées. Après avoir assisté à deux grands meetings, l'un à Wexford, l'autre à Galway, O'Connell s'était retiré à Derrynane, où il passait ses matinées à chasser et ses soirées à préparer quatorze bills qui doivent résoudre tous les problèmes sociaux, religieux, politiques, dont l'Irlande se préoccupe. Il vient de quitter sa retraite, et de rentrer en campagne ; mais jusqu'ici, malgré ses efforts, l'agitation languit, bien que Tom Steele s'écrie que « la guerre est plus que jamais engagée entre le ministère saxon et la religion catholique, non la guerre d'Achille et d'Ajax contre Troie, mais celle du rusé Ulysse et du perfide Sinon ; » bien que, de son côté, l'archevêque de Tuam, le docteur Mac-hale, dénonce le beqtess-bill et l'education-bill comme plus dangereux que les vieilles lois pénales, par cette raison « que cent requins morts sont moins nuisibles qu'un crocodile vivant. » En dépit de toutes ces belles choses, Conciliation-Hall est à peu près vide, et fait de vains efforts pour alimenter la fièvre du rappel. Cependant, à côté de l'agitation catholique, il vient d'en apparaître une autre qui porte dans son sein la guerre civile avec tous ses malheurs : c'est l'agitation orangiste. Au plus fort de la tempête de Maynooth, on s'était étonné, en Angleterre, que le protestantisme irlandais restât comparativement assez calme, et quelques feuilles ultra-tories lui en avaient, fait un amer reproche. Aussi, pour ranimer un zèle éteint, le plus violent champion du fanatisme protestant, M. Ferrand, membre du parlement, était-il accouru à Dublin le jour où l'on célébrait l'anniversaire de la bataille de la Boyne, et avait-il prononcé un long discours, au milieu duquel se rencontraient des passages tels que ceux-ci : « Les ministres sont traîtres à leur religion, à leur pays, à leur souveraine, à leur Dieu. — Peel est un imposteur ; c'est le plus abominable traître qui ait jamais vécu. — Sir James Graham a répondu à une lettre que je lui ai écrite par un rapport infame et mensonger. — Le jour où la reine donnera sa signature au bill papiste de Maynooth, elle abdiquera son droit et son titre à la couronne d'Angleterre. » Néanmoins quelque hésitation se manifestait encore, quand une circonstance particulière vint mettre le feu à toutes les têtes. La grande association orangiste, avec ses insignes, ses statuts, son organisation, avait été supprimée comme contraire à la loi, et de plus un bill temporaire avait interdit les processions armées, au moyen desquelles les protestans irlandais célébraient d'ordinaire l'anniversaire de leurs victoires sur les catholiques. Ce bill ayant expiré en 1845, le ministère ne jugea point à propos de le renouveler, s'en fiant, dit-il, au bon esprit des populations protestantes. Cependant à Lisburn, dans le comté d'Antrim, une réunion de protestans eut lieu pour examiner s'il ne serait pas à propos de réorganiser l'association orangiste et de recommencer les processions. A cette réunion assistait un des juges de paix du comté, député-lieutenant, M. Watson, qui se prononça pour l'affirmative. Lord Heytesbury aussitôt, dans une lettre aussi sévère que sage, lui déclara « qu'en coopérant à la réorganisation d'une société condamnée par la loi et à la reprise de manifestations dangereuses pour la paix publique, il avait manqué à ses devoirs de magistrat, et qu'il lui retirait sa commission. » A cette nouvelle, l'esprit orangiste se souleva, et le nord de l'Irlande fut sur pied. A Enniskillen, sous la présidence de lord Loftus, fils aîné de lord Ely, et gendre du duc de Marlborough ; à Lisburn, sous la présidence du marquis de Downshire ; à Belfast, sous la présidence de lord Roden, il y eut de grands meetings protestans en l'honneur de M. Watson, où cent cinquante à cent soixante loges orangistes se montrèrent, musique en tête, munies de leurs insignes, pleines d'ardeur et de zèle. Puis, comme on devait s'y attendre, le mouvement s'étendit et gagna plusieurs comtés. Aujourd'hui, de nouvelles réunions sont annoncées, qui sans doute iront plus loin que les précédentes.

Ainsi, aux deux pôles de l'Irlande, voilà, au mépris de la loi et du ministère, deux associations également ardentes, également menaçantes, également hostiles au gouvernement anglais, l'une plus nombreuse, l'autre plus riche et mieux disciplinée. Et qu'on le remarque bien, avec des buts tout opposés, ce sont, des deux parts, les mêmes procédés et presque le même langage. A Dublin, on prend l'avis des avocats les plus habiles, afin « de conduire, selon l'expression d'O'Connell, une voiture à quatre chevaux à travers la loi ; ».à Belfast, on déclare qu'on réorganisera la grande association orangiste, tout en évitant de tomber sous le coup des lois existantes. A Conciliation-Hall, on met à l'index des prochaines élections tout membre, quelque libéral qu'il soit, qui ne se prononcerait pas nettement en faveur du rappel ; dans la loge centrale de Lisburn, on fait vœu de ne pas réélire un seul membre qui ne soit pas orangiste. Tandis qu'à Galway Tom Steele offre de mourir pour la cause catholique, lord Loftus à Enniskillen dit qu'il est prêt à verser la dernière goutte de son sang pour la cause protestante. Je ne sache pas d'ailleurs qu'O'Connell ou Tom Steele aient été jamais plus loin que le dean de Dronmore, s'écriant à Lisburn : Les ministres nous ont trompés Ils nous ont trompés, les coquins, mais ils ne nous tromperont plus ; ou que M. Richardson, déclarant qu'excepté Judas, il n'y a dans l'histoire aucun exemple d'un traître pire que sir Robert Peel ; ou que M.

Hudson, annonçant au monde que le lion orangiste s'est levé dans sa force, que ses rugissemens se font entendre, que sa crinière se dresse, et que le rappel, le papisme et le peeléisme sont déjà prosternés devant lui ; ou que le révérend Knox, commençant par dire que Watson devrait être canonisé, et finissant par un acrostiche ingénieux sur son nom. Cependant la palme appartient évidemment au révérend Leslie, qui, après avoir cité saint Paul pour prouver les torts du gouvernement, termine à peu près en ces termes un discours étincelant « Le gouvernement devrait être la terreur du papisme et de ses abominations. Au lieu de cela, il donne de l'argent pour instruire les prêtres de l'enfer. On dit que c'est la politique de Pitt. Que diable nous fait Pitt ? Les chrétiens ne connaissent pas son nom. Il n'est pas inscrit dans le livre de vie. » Je regrette de le dire, aucun orateur de l'association du rappel n'a, dans aucun temps, atteint cette hauteur.

Tout cela sans doute est burlesque, mais tout cela aussi est fort sérieux dans un pays comme l'Irlande, où le Celte et le Saxon, le catholique et le protestant, le riche et le pauvre, sont séparés par des haines séculaires, dans un pays où la misère est profonde, où le meurtre et la rapine sont endémiques, où il suffit enfin d'une étincelle pour allumer le plus vaste incendie. Que fait pourtant le gouvernement ? Fidèle au principe d'impartialité qu'il a récemment adopté, le gouvernement frappe d'une main le rappel et de l'autre l'orangisme. Ainsi M. Blake et M. Power sont destitués de leurs fonctions de juges de paix pour avoir assisté aux meetings du rappel, M. Watson et M. Archdall pour avoir pris une part active à la réorganisation de l'orangisme. C'est là ce que le Times appelle arracher successivement les cheveux blancs et les cheveux noirs, jusqu'à ce que la tête reste nue. Assurément, une telle politique est juste et sensée. Est-elle praticable en Irlande, sur une terre où il est bien peu de magistrats qui n'inclinent vers le rappel ou vers l'orangisme ? Déjà on remarque, avec quelque raison, que le gouvernement n'a pas osé pousser sa politique jusqu'au bout, et que, tout en destituant M. Watson et M. Archdall, il a respecté le marquis de Downshire, lord Enniskillen, lord Roden, non moins coupables. En vain, pour justifier cette distinction, le gouvernement dit-il que M. Watson et M. Archdall ont fait acte d'orangisme, lord Downshire, lord Roden, lord Enniskillen acte d'opposition protestante seulement : tout le monde sent que la distinction est puérile. Voici d'ailleurs lord Winchelsea qui ne l'accepte pas, et qui, bien qu'étranger aux derniers meetings, se démet de ses fonctions ; voici à sa suite bon nombre de magistrats protestans qui envoient leur démission. Qu'arrivera-t-il, si ce mouvement gagne et se propage ? Sir Robert Peel, dit-on, remplacera les magistrats gratuits par des magistrats payés. C'est peut-être un excellent système, mais fort contraire aux idées, aux habitudes anglaises. Un journal qui connaît bien l'Irlande, le Morning Chronicle, disait, il y a quelques mois, que ce pays était pour tout ministère une difficulté dans un sens ou dans l'autre, difficulté quant à la conduite des affaires si on s'en fait un ennemi, difficulté quant au maintien de la majorité si on cherche à le concilier. « Il y a, ajoutait-il, en ce qui concerne l'Irlande, une contradiction manifeste entre les intérêts et les préjugés anglais, entre les nécessités du gouvernement et les antipathies de parti. » Cela est vrai ; mais ce qui ne l'est pas moins, c'est que la difficulté, quand elle est à peu près résolue en Angleterre, ne l'est pas en Irlande ; c'est qu'un gouvernement équitable et conciliateur risque fort d'y jeter tout le monde dans l'opposition. Déjà il serait difficile de dire quels sont les manifestes les plus violens, les plus emportés, les plus hostiles à sir Robert Peel, ceux d'O'Connell au nom de l'association du rappel, ou ceux de lord Roden au nom de l'association orangiste.

Faut-il néanmoins désespérer de la tentative honorable que fait en ce moment sir Robert Peel, et que continuerait avec un peu plus de hardiesse lord John Russell, s'il arrivait au pouvoir ? Je ne le pense pas. Les deux partis que l'on voit, que l'on entend en Irlande, ce sont naturellement les deux partis extrêmes, amis du rappel d'un coté, orangistes de l'autre ; mais entre ces partis il existe une masse notable hommes modérés, qui ne veulent ni du rappel ni de l'orangisme. La preuve, ce sont les clameurs qui s'élèvent dans un camp contre des hommes tels que M. Wyse, M. Sheil, M. Murphy, dans l'autre contre des hommes tels que lord Castelreagh et lord Jocelyn ; la preuve, ce sont les menaces qu'on adresse à tous ceux qui ne consentent pas à se faire repealers ou orangistes ; la preuve encore, c'est la division profonde qui se manifeste dans l'église protestante comme dans l'église catholique. Malgré les anathèmes des deux partis extrêmes, le gouvernement ne vient-il pas de constituer un bureau supérieur d'éducation où se réunissent quatre catholiques (parmi lesquels l'archevêque de Dublin), deux presbytériens, et cinq membres de l'église anglicane ? Tandis qu'O'Connell continue à protester contre les nouveaux collèges, et que 19 évêques catholiques sur 26 joignent leur voix à celle d'O'Connell, ces collèges ne sont-ils pas acceptés par l'archevêque de Dublin, M. Murray, par l'archevêque d'Armagh, M. Crolly, par l'évêque de Cork, et par quatre autres membres de la hiérarchie ? Enfin, l'archevêque protestant et l'archevêque catholique d'Armagh ne viennent-ils pas ensemble demander à lord Heytesbury de placer un de ces nouveaux collèges sous leurs yeux ? Qu'on rapproche ces faits de ceux de l'année précédente, et notamment de ce qui s'est passé au sujet du bequests-bill ; qu'on se rappelle qu'en plus d'une circonstance la jeune Irlande, dont malheureusement le chef distingué, M. Davis, vient de mourir, s'est nettement séparée d'O'Connell ; qu'on n'oublie pas qu'à Belfast même, cette métropole du nord, il y a en face des orangistes et des repealers un noyau considérable de protestans vraiment libéraux, vraiment patriotes, et l'on ne regardera pas une transaction comme impossible. Cependant cette transaction ne peut avoir lieu que si le gouvernement prend le bill de Maynooth et le bill d'éducation comme le point de départ d'une politique toute nouvelle. Ce qui s'est fait cette année est quelque chose ; c'est loin d'être assez pour que le parti modéré en Irlande ait le droit de se dire satisfait et d'élever à son tour son drapeau.

Quant à O'Connell, si la passion ne l'égarait pas, il aurait un beau rôle à jouer. Grace à l'agitation de 1843, grace à ses efforts, il voit en Angleterre le parti ultra-anglais, ultra-protestant, définitivement abattu et vaincu. Il voit un ministère, qui doit le pouvoir aux préjugés contre l'Irlande, risquant de perdre ce pouvoir pour entrer à l'égard de l'Irlande dans une voie meilleure. Il voit les hommes éminens de ce ministre, celui-ci, sir James Graham, rétractant de fâcheuses paroles, celui-là, lord Stanley., présentant et défendant contre l'aristocratie foncière un bill en faveur des petits fermiers, le troisième, sir Robert Peel, reconnaissant que l'Irlande ne peut être gouvernée que par la conciliation. Il voit l'organe principal du parti tory, le Quarterly Review, abandonnant décidément la vieille politique et acceptant l'idée d'un établissement catholique en Irlande. Il voit enfin les whigs déclarant hautement que l'égalité la plus absolue doit exister entre les deux royaumes, et que les lois doivent être révisées en conséquence. D'un autre côté, O'Connell ne peut ignorer que le rappel sans séparation est une chimère et une folie. Il sent que l'Irlande ne saurait être éternellement bercée d'un espoir qui fuit sans cesse, d'un plan qui ne se formule jamais, d'un mot qui reste vain et vague. Il comprend que, s'il a facilement triomphé de M. Sharman-Crawford et le M. Grey-Porter quand ils ont voulu rédiger leur projet de rappel, M. Grey-Porter et M. Sharman-Crawford triompheront facilement de lui quand il rédigera le sien. Il s'aperçoit d'ailleurs que, dans le parlement comme dans la hiérarchie catholique, tout le monde n'est pas d'humeur à continuer la guerre pour la guerre, et à prolonger la crise, si elle peut être arrêtée. N'est-ce donc pas pour O'Connell le moment d'aller à la fois plus et moins loin qu'il n'a été jusqu'ici ? N'est-ce pas le moment de placer nettement l'Angleterre entre une séparation absolue et l'égalité complète, l'égalité politique, civile et religieuse ? N'est-ce pas le moment de faire ainsi appel à tous les sentimens libéraux, honnêtes, vraiment patriotiques, des trois royaumes, et de mettre la guerre civile, si elle éclate, à la charge de ceux qui auront refusé justice ? Tout annonce qu'indépendamment des radicaux et des whigs, un tel langage rallierait aujourd'hui beaucoup de tories modérés. Tout annonce que, d'accord avec les membres irlandais, on parviendrait à former un parti qui, très sincèrement et très énergiquement, travaillerait à guérir les maux de l'Irlande.

Malheureusement il est à craindre que telle ne soit pas la conduite d'O'Connell. Il a, depuis deux ans, dit bien des paroles qui le compromettent, pris bien des engagemens qui le lient, et les discours qu'il prononçait ces jours derniers dans les comtés de Tipperary, de Kerry, de Mayo, sont purement et simplement la répétition de ses anciens discours.

Au meeting de Mayo, il a pourtant trouvé, pour défendre le rappel, un argument tout nouveau : c'est que le rappel affranchirait la reine, honteusement opprimée par l'oligarchie parlementaire. Qu'il y ait deux parlemens au lieu d'un, et, en se servant de l'un pour battre l'autre, il sera aisé à la reine de recouvrer son pouvoir. Pendant que le rappel est si bien défendu, les respectables évêques qui croient devoir accepter les nouveaux collèges sont plus que jamais exposés à tous les outrages, à toutes les calomnies, à toutes les violences. Ne vaudrait-il pas cent fois mieux d'une part reconnaître l'esprit bienveillant des dernières mesures de l'autre présenter le rappel comme un moyen extrême, comme un moyen, auquel l'Irlande n'aura recours que si justice lui est refusée ? On offrirait ainsi de bonne grace à l'Angleterre une alternative qui est au fond des choses, et dont toutes les harangues du monde ne sauraient la priver.

Au surplus, si les journaux anglais ne se trompent pas, un terrible évènement se prépare, auprès duquel l'agitation du rappel et l'agitation orangiste tomberont bientôt dans l'ombre et dans l'oubli. Cet évènement, c'est la maladie des pommes de terre dans un pays où la pomme de terre est la seule nourriture du peuple ; c'est la famine. En présence d'un tel fléau, l'esprit se trouble, l'imagination s'égare, la prévoyance humaine s'anéantit. Avec une bonne récolte, l'Irlande parvient à peine à nourrir ses habitans. Avec une récolte médiocre, ils souffrent et meurent par milliers. Que serait-ce si, comme on le craint, la récolte était à moitié perdue ? Il est douteux que, dans ce cas, la charité publique et la charité privée y pussent suffire. Il est douteux, réunit-on les sommes nécessaires pour le payer et le distribuer gratuitement, que le blé étranger pût arriver en assez grande abondance pour rétablir l'équilibre. Dieu sait alors ce qui arriverait et à quelles extrémités le désespoir pousserait huit millions d'hommes affamés. Dieu sait aussi combien de ces huit millions d'hommes il en resterait au moment de la nouvelle récolte. Il faut espérer encore que le mal est moins grand qu'on ne le dit, et que la Providence ne réserve pas au problème qui préoccupe tous les hommes politiques depuis cinquante ans une solution si douloureuse.

L'Angleterre et l'Écosse paisibles à la surface, mais sourdement remuées par la passion religieuse, l'Irlande menacée d'un horrible fléau et livrée à deux agitations contradictoires en tout, si ce n'est en un point, l'hostilité systématique au gouvernement : telle est la situation. Maintenant j'aborde la double question que je me suis posée : que faut-il penser de la conduite de sir Robert Peel ? quelle est sa force dans le parlement, quelle chance a-t-il de rester premier ministre ?

Il faut d'abord le reconnaître franchement : oui, sir Robert Peel est arrivé au pouvoir avec l'aide, sur les bras du parti agricole et prohibitif d'une part, du parti anti-irlandais et anti-catholique de l'autre ; oui, depuis que sir Robert Peel est premier ministre, le parti agricole et prohibitif, le parti anti-

irlandais et anti-catholique, ont perdu plus de terrain qu'ils n'en avaient
perdu à aucune époque et sous aucun cabinet. D'un autre côté, il n'est pas
besoin d'être rigide sur les principes du gouvernement représentatif pour
dire que ce gouvernement serait une honteuse comédie, si les partis
n'avaient pas pour lien certaines opinions, certaines idées qu'ils sont tenus
de faire prévaloir autant qu'il est en eux lorsqu'ils arrivent au pouvoir. Il
n'est donc pas permis, comme cela s'est vu, d'attaquer une politique qu'on
approuve pour renverser un ministère qui déplaît. Il n'est pas permis non
plus d'adopter une politique qu'on n'approuve pas pour déjouer une
opposition qu'on redoute. Tout cela est de l'intrigue, de la basse intrigue, et
aucun homme qui se respecte ne voudrait prendre ou conserver le pouvoir
à ce prix.

Il semble, d'après cela, qu'il n'y ait rien à retrancher des reproches, des
injures adressés par les divers partis à sir Robert Peel. Il semble du moins
que sa seule excuse soit dans la grandeur de son œuvre et dans le succès
qu'elle obtient ; Voyons pourtant si, même au point de vue moral, il n'y a
pas quelque chose à dire en sa faveur. Ce n'est pas d'aujourd'hui je l'ai dit
tout à l'heure, que les vieux partis en Angleterre tendent à se décomposer,
et personne n'a oublié que l'illustre Canning, au moment de sa mort, était à
la tête d'un ministère tory que combattaient beaucoup de tories, et
qu'appuyait, M. Brougham en tête, une fraction importante du parti libéral.
A cette époque, à la vérité, sir Robert Peel, encore jeune, restait fidèle aux
ultra-tories ; mais, ministre en 1829, il rompit avec eux à son tour, et l'on
sait que l'émancipation catholique lui fit perdre à la fois la représentation
d'Oxford et l'appui d'une portion notable de ses amis. Peu de temps après,
la révolution de juillet survint ; le parti whig prit le pouvoir, la réforme eut
lieu, et, devant ces grands évènemens, les querelles intérieures du parti tory
s'apaisèrent ou s'amortirent. C'est alors que, vaincu et réduit à 150 voix
dans la chambre des communes, ce parti, faisant trêve à ses rancunes,
choisit sir Robert Peel pour son chef, et lui donna mission de rétablir ses
affaires. C'est alors aussi que le nom de parti conservateur fut inventé, et
qu'une large porte resta ouverte à tous ceux qu'effrayaient, à un titre
quelconque, les mouvemens précipités de la réforme. Que dans cette grande
lutte entre les conservateurs et les réformistes, entre la droite et la gauche, le
vieux parti prohibitif et le vieux parti fanatique se soient rangés sous le
drapeau de sir Robert Peel, cela est vrai ; mais est-il vrai que sir Robert Peel
achetât leur concours en s'associant à leurs idées et en épousant leurs
passions ? Est-il vrai même qu'il leur donnât l'espoir de rentrer un jour dans
l'ancienne ornière ? Pour se convaincre du contraire, il suffit de se rappeler
combien de fois, de 1837 à 1841, il se sépara d'eux en plein parlement, et
combien de fois en retour ils l'accusèrent de faiblesse et de trahison. En
1840 un écrit important parut, par lequel il était nettement proposé au tories
de répudier sir Robert Peel et de prendre pour chef lord Stanley. Après cela,

si la nécessité ramena vers sir Robert Peel ceux qui se méfiaient de lui, il resta, je le répète, bien connu de tous que, sur les questions religieuses comme sur les questions commerciales, sir Robert Peel ne prenait conseil ni de sir Robert Inglis ni du duc de Buckingham.

Dans la dernière année pourtant, quand son parti touchait au pouvoir et le pressait d'agir, sir Robert Peel, dans l'entraînement de la lutte, montra, j'en conviens, trop d'indulgence pour des préjugés qui n'étaient pas les siens, pour des passions qu'il répudiait au fond de l'ame. C'est une faute, et il est bon qu'elle lui soit durement reprochée, ne fût-ce que pour donner à tous les hommes politiques un avertissement salutaire. Cette faute pourtant n'est pas de celles qui déshonorent et qui perdent un ministre. Est-il juste d'ailleurs de prétendre que le parti agricole et le parti ultra-protestant n'aient rien gagné à l'avènement de sir Robert Peel ? Ils ont gagné, on l'a dit avec raison, tout ce qu'ils n'ont pas perdu. Quant au parti agricole, cela est évident, et résulte du seul rapprochement que chacun peut faire entre le budget des whigs et le budget de sir Robert Peel. La chose est moins claire pour le parti ultra-protestant ; mais ce parti doit se souvenir que, pendant deux années, sir Robert Peel a fait bien peu en friande. C'est l'agitation de 1843 qui lui a ouvert les yeux, qui lui a forcé la main, ou, pour mieux dire, qui l'a rendu à ses tendances véritables en l'affranchissant du joug de son parti. C'est cette agitation, en un mot, qui l'a placé entre une crise sanglante et des concessions raisonnables Fallait-il, pour complaire à des passions qui n'étaient pas les siennes, qu'il jouât le sort de l'empire dans les hasards de la guerre civile ? ou bien fallait-il, pour expier un tort passager, qu'il quittât le ministère, laissant, à de plus fermes amis de l'Irlande le soin de gouverner le pays ? C'était peut-être la résolution la plus noble ; mais peu de ministres s'y fussent résignés, et ce n'est certes pas aux ultra-protestans que cette résolution eût profité.

Il faut le dire nettement, et la dernière session l'a prouvé, la majorité de sir Robert Peel se partage réellement en deux fractions distinctes : l'une qui marche avec le siècle et qui répudie les principes du vieux torisme ; l'autre, pour laquelle ces principes sont toujours vénérables et sacrés. Comme celle-ci s'adresse à des passions ardentes et à des intérêts tenaces, elle impose à celle-là certaines concessions et certaines promesses ; mais ces concessions sont déraisonnables, ces promesses sont absurdes, et le courant des évènemens les emporte inévitablement. De là des colères et des récriminations qui sont fondées dans une certaine mesure, mais qui ne sauraient rétablir une cause désespérée. Il ne faut pas que les ultra-tories s'y trompent. Depuis les beaux temps de lord Eldon, le niveau politique a singulièrement monté dans les deux chambres, et les tories de 1825 sont, à beaucoup d'égards, plus avancés que les whigs de 1825. Parmi les caricatures qu'a enfantées la dernière crise, plusieurs tendances à mettre en relief cette idée, que les tories se font les copistes des whigs. Ici ce sont sir

Robert Peel et lord John Russell que l'on montre sous la forme de deux sosies. Là, parodiant un pas de ballet nommé le pas des miroirs, on place en face d'une glace le ministère whig, dont les attitudes et les mouvemens sont le ministère tory. Dans toutes ces plaisanteries on oublie une seule chose : c'est que les whigs ont marché en même temps que les tories, et que le terrain qu'ils occupaient, il y a six ans, n'est plus celui qu'ils occupent aujourd'hui. Si Robert Peel se trouve où se trouvait lord John Russell, lord John Russell est plus loin, et la distance reste à peu près la même. Voilà ce que ne voient pas ceux qui, comme sir Robert Inglis et le duc de Buckingham, s'enorgueillissent de n'avoir pas bougé.

Je le répète, si, au point de vue moral et conformément à la saine pratique du gouvernement représentatif, la conduite de sir Robert Peel n'est point irréprochable, elle peut trouver, soit dans ses propres précédens, soit dans la gravité des circonstances, des excuses nombreuses et sérieuses. C'est l'avis d'un homme considérable, qui naturellement a peu de sympathie pour sir Robert Peel, de lord Melbourne, chef du dernier cabinet. Reparaissant dans la vie publique après une longue et douloureuse maladie, lord Melbourne, le 1er août 1845, s'exprimait en ces termes : « Placé comme je l'ai été par les circonstances dans la situation d'un antagoniste, d'un compétiteur de l'honorable baronnet ; il est naturel que j'examine sa conduite, non dans les sentimens d'une jalousie hostile, mais avec soin et sévérité. Il est naturel que je me demande quelles ont été ses mesures, quels ont été les principes sur lesquels il les a fondées, quel a été le langage qu'il a tenu pour les faire prévaloir. C'est un examen que j'ai fait scrupuleusement, et je me crois obligé de déclarer que, selon moi, rien dans les antécédens de l'honorable baronnet ne pouvait l'empêcher, au point de vue de la conséquence, de présenter les mesures qu'il a présentées, ou toutes autres dans le même sens qu'il jugerait opportunes et utiles à son pays. » Un tel jugement de la part d'un tel homme st quelque chose de grave, et sir Robert Peel peut à bon droit s'en couvrir.

Si de ces considérations un peu secondaires on s'élève à des considérations plus hautes, qui d'ailleurs peut nier que la politique et les derniers actes de sir Robert Peel ne soient de ceux qui honorent un ministre ? Il est, je le sais, des pays où l'on croit que l'esprit conservateur consiste à fomenter les préjugés, à assouvir les passions égoïstes, à protéger les abus, à repousser les réformes. Aux yeux de si Robert Peel, l'esprit conservateur est celui qui, pour conserver la grandeur et la puissance nationales, n'hésite pas à imposer aux préjugés, aux passions, aux intérêts privés, des sacrifices nécessaires, celui qui ne juge pas que l'immobilité soit sagesse, et que tout aille nécessairement bien quand l'ordre et la paix sont sauvés. Sans s'inquiéter de vaines clameurs, sir Robert Peel rompt donc résolument avec l'esprit le routine, et entraîne après lui tout ce qui, dans le parti dont il est le chef, n quelque liberté d'esprit et quelque prévoyance. C'est, il faut le reconnaître, un service considérable qu'il rend non-seulement à l'Angleterre mais à la cause de la liberté et de la civilisation. Quand un système politique, tombe sous les efforts du parti opposé après une résistance vigoureuse et prolongée, il ne désespère pas de lui-même, et il veut tôt ou tard prendre sa revanche ; quand au contraire un système politique expire misérablement sous les coups de ceux qui semblaient appelés à le défendre, l'espoir ne survit guère à la défaite, et les fureurs impuissantes font bientôt place à la résignation. N'est-ce point le sort que les derniers actes de sir Robert Peel ont fait au vieux torisme ? Par un mouvement imprévu de la bascule politique, le vieux torisme, qui semblait définitivement abattu en 1832, s'était rélevé, il avait repris toutes ses espérances et toutes ses illusions. Or, voici qu'une main amie brise tout à coup ses espérances, renverse ses illusions, et lui fait durement sentir que le gouvernement ne lui appartient plus. Sans doute le coup est rude pour le vieux torisme, et il est naturel qu'il pousse un cri de douleur ; mais, à ce cri, le parti libéral doit répondre par un cri de joie et de triomphe. « L'administration dont j'ai fait partie est morte, disait encore lord Melbourne tout récemment, son enveloppe mortelle n'existe plus ; mais l'esprit immortel, ignea vis animi, est non-seulement vivant, mais actif et efficace. Nos principes et nos opinions nous survivent. » Que le parti libéral ne se montre donc pas si sévère pour le ministre à qui il doit tant, pour le ministre qui, à ses risques et périls, a osé braser l'esprit de monopole et l'esprit d'intolérance. Il ne faut jamais dire que la fin justifie les moyens ; quand néanmoins la fin est excellente, et les moyens peu reprochables, on doit se tenir pour content.

Reste la dernière question. Après les élections de 1842, sir Robert Peel est arrivé au pouvoir, à la tête du parti conservateur, avec une majorité de cent voix. Aujourd'hui, une portion du parti conservateur, celle qui répond au vieux torisme, est profondément irritée contre lui, et le menace, à la première occasion, d'une vengeance éclatante. D'un autre côté, les whigs et les radicaux, qui, pendant le cours de la dernière session, ont comblé les vides de la majorité, paraissent peu disposés à continuer le même rôle, et ne repoussent pas l'idée d'une coalition au moins momentanée Qu'adviendra-t-il de là ? Est-il probable que sir Robert Peel reste premier ministre ? Est-il probable qu'il tombe à l'ouverture de la prochaine session ? Il est d'abord un fait que j'ai déjà constaté et qu'on ne saurait nier. Si les élections générales avaient eu lieu à l'issue du débat de Maynooth, nul doute qu'elles n'eussent tourné en faveur du parti fanatique ; mais déjà l'agitation se calme, la réflexion renaît, et les adversaires de Maynooth paraissent eux-mêmes un peu surpris, un peu confus de leur si vive émotion. Si d'ailleurs les jambes, les bras, la voix surtout, ne lui manquent pas, le parti fanatique n'a de tête ni dans l'une ni dans l'autre des deux chambres. Voilà long-temps qu'il ne compte plus sur les whigs. Quant aux tories, tous leurs hommes distingués font partie du cabinet actuel, l'exception de M. Gladstone, qui ne tardera

pas à y rentrer, et qui s'est prononcé plus nettement que personne. Grace à
l'éternelle jeunesse du duc de Wellington, lord Stanley s'est peu montré
cette année ; toutefois il en a dit assez pour enlever au parti fanatique toute
espèce de confiance. Il n'est pas jusqu'aux trois membres de la jeune
Angleterre, dont deux, lord John Manners et M. Smythe, ne se soient
rangés, dans l'affaire de Maynooth au moins, du côté de la raison et de la
tolérance. Le duc de Buckingham, le duc de Richmond, lord Ashley, sir
Robert Inglis, lord Winchelsea, M. Colquhoun, le colonel Sibthorp, le duc
de Newcastle, et quelques orangistes, voilà les chefs véritables, les seuls
chefs des tories dissidens. Or, personne en Angleterre ne voit et ne peut
voir en eux les élémens d'une administration. Ce n'est pas tout : les
adversaires de Maynooth se divisaient en deux fraction distinctes, ou, pour
mieux dire, contraires, ceux qui combattaient le bill au nom du vieux
principe exclusif et de l'union indissoluble de l'église et de l'état, ceux qui le
combattaient au nom du principe volontaire et de la séparation absolue de
l'état et de l'église. Ceux-ci, dissidens pour la plupart s'indignaient, comme
les premiers, que l'on votât des fonds pour l'église catholique en Irlande ;
mais ils s'indignaient aussi qu'on y maintînt l'établissement anglican, et ils en
demandaient ardemment la destruction. Croit-on qu'une fois le bill de
Maynooth passé, il fût facile de faire marcher d'accord ces alliés d'un
moment ? De plus, parmi les partisans du principe volontaire en matière
religieuse, beaucoup réclament aussi l'extension du suffrage en matière
politique et la liberté absolue des échanges en matière de commerce. Croit-
on qu'il fût aisé de les amener à se ranger sous le drapeau du duc de
Buckingham et du colonel Sibthorp ? Dans la résistance que le bill de
Maynooth a rencontrée, il y a un pêle-mêle qui, dans le bill d'éducation avait
disparu. Ce pêle-mêle se retrouvera difficilement, s'il se retrouve, et, dans
tous les cas, il ne surprendra plus personne.

Il convient, en outre, de se demander comment désormais la question se
posera. Il y a, quant à l'église d'Irlande, quatre opinions en présence : celle
des ultra-tories, qui voudraient maintenir l'état actuel ; celle du cabinet, qui
incline visiblement à salarier le clergé catholique, sans toucher à
l'établissement protestant ; celle des whigs, qui pensent à tout remanier et à
fonder deux établissemens, l'un anglican, l'autre catholique, proportionnels
l'un et l'autre au chiffre et aux besoins de la population ; celle des radicaux
enfin et des Irlandais repealers, qui condamnent tout établissement. De ces
quatre opinions, la première est évidemment morte ; la dernière n'est point
mûre, en supposant qu'elle doive jamais l'être. C'est donc entre les deux
opinions moyennes qu'il faudra choisir. Or, n'est-il pas inévitable que les
ultra-tories finissent par se rattacher à celle de sir Robert Peel, et les
radicaux à celle de lord John Russell ? Dans les momens d'emportement, la
politique pessimiste prévaut quelquefois, et on se laisse entraîner à satisfaire
ses passions aux dépens de ses opinions ou de ses intérêts. Quand on a le

temps de la réflexion, cela est rare, surtout en Angleterre, dans ce pays froid et sensé, où les emportemens de la passion ont toujours le calcul pour contrepoids.

Ce que je dis de la question religieuse, je puis le dire de la question commerciale, de la question politique, de toutes les questions. Les réformes de sir Robert Peel déplaisent à une fraction du parti tory. Les réformes de lord John Russell lui déplairaient plus encore, et cependant, si lord John Russell venait au pouvoir, ces réformes seraient nécessaires. Tout bien considéré, je crois qu'à quelques individus près, le parti tory, tout en grondant, sera rentré dans l'ordre avant la prochaine session, et qu'il continuera à appuyer sir Robert Peel. La lutte alors se portera sur le terrain même où sir Robert Peel jugera convenable de s'arrêter, et le combat s'engagera entre ceux qui croiront qu'on a fait assez et ceux qui demanderont davantage. En d'autres termes, le combat s'engagera entre le parti conservateur tout entier et les whigs, assistés des radicaux.

Ici je n'hésite pas, et je dis qu'à moins d'évènemens imprévus les whigs, pour peu que sir Robert Peel tienne bon, n'ont aucune chance de le renverser aujourd'hui. D'abord, par ses dernières réformes, sir Robert Peel a conquis, jusqu'à un certain point, la bienveillance des classes libérales ; ensuite, jamais les whigs n'ont été moins en mesure de le remplacer. Les whigs, qui viennent de perdre lord Grey et lord Spencer, ne sauraient certes avoir un chef plus honorable et plus honoré que lord John Russell, homme d'un caractère si noble et d'un mérite si vrai ; mais, si Robert Peel a ses embarras intérieurs, lord John Russell aussi a les siens. Il semble aisé de faire marcher ensemble, à l'aide de quelques réciproques, les whigs et les radicaux modérés. Par malheur, sur les 290 voix à peu près dont se compose la minorité, les whigs et les radicaux modérés n'en ont pas plus de 200 ; le reste appartient aux radicaux exaltés, à la ligue et aux Irlandais partisans du rappel. Or, ce sont là trois partis difficiles à concilier, et il n'y a pas en Angleterre, comme ailleurs, une fraction parlementaire qui votant pour tout ministère, comble les vides et rétablit l'équilibre. J'ajoute que, déconcertés par les derniers actes de sir Robert Peel, les whigs n'ont pas encore su indiquer d'une manière précise quelles sont leurs vues nouvelles. C'est donc au nom du mot vague de réforme qu'ils se trouvent forcés d'attaquer un ministre qui a fait des réformes importantes. C'est au nom de l'Irlande opprimée qu'il leur faut blâmer la politique d'un cabinet qui, en courant de grands risques, tend à relever l'Irlande de son oppression. On ne saurait nier d'ailleurs que, dans l'état actuel de l'Irlande, pour tenir la balance égale entre l'agitation du rappel et l'agitation orangiste, sir Robert Peel ne soit mieux placé que lord John Russell. Il est mieux placé aussi pour imposer de grands sacrifices à l'aristocratie en faveur des classes pauvres, si cela devient nécessaire. Faut-il dire toute ma pensée ? Je ne crois pas que les hommes éminens du parti whig aient aujourd'hui le désir de prendre le pouvoir. Une grande épreuve se fait en Angleterre, en Irlande surtout, qui, à la longue, doit leur profiter, mais qui rendrait en ce moment leur situation fort difficile. Mieux vaut pour eux que l'épreuve s'achève et que le terrain se déblaie.

Lord Palmerston, je l'ai dit il y a deux ans, est pour lord John Russell une autre difficulté. Lord Palmerston est un homme de beaucoup d'esprit, d'une activité incomparable, et qui, dans un cabinet comme dans l'opposition, peut être fort utile ; mais en 1840 lord Palmerston a eu le malheur, pour satisfaire un ressentiment personnel, de brouiller l'Angleterre avec la France, et de sacrifier à de petites rancunes la politique semi-séculaire de son parti. C'est une faute dont lord Palmerston, depuis cette époque, porte et fait porter le poids à ses amis. L'an dernier, sur je ne sais quels renseignemens, on avait prétendu que lord Palmerston revenait à des sentimens meilleurs, à une politique plus modérée, et que, sans faire amende honorable de son passé, il s'efforcerait de le faire oublier. Loin de là, malgré la froideur, malgré le mécontentement marqué de ses amis, lord Palmerston a persévéré et poursuivi la France sur tous les points du globe avec plus d'acharnement que jamais. Or, si la France rencontre quelque justice et quelque bienveillance en Angleterre, c'est parmi les whigs plus que parmi les tories, parmi les radicaux plus que parmi les whigs [7]. Lord Palmerston, ministre des affaires étrangères, est donc pour beaucoup de whigs comme pour la plupart des radicaux un véritable épouvantail. C'est à lui de voir si, par un vain entêtement, il lui convient de nuire éternellement à la cause libérale, à ses amis, à lui-même. C'est à lui de voir s'il n'est pas temps d'abandonner la thèse impossible qu'il soutient, et de ne plus mériter que M. Hume et M. Roebuck le comparent à « une allumette chimique.. » En attendant, je le répète, trop querelleur pour qu'on ose s'associer à lui, trop considérable dans son parti pour qu'on puisse le congédier honnêtement et sûrement, lord Palmerston fait les affaires de lord Aberdeen, et affermit le pouvoir aux mains de sir Robert Peel. Du côté des ultra-tories, aucune chance de faire triompher leurs idées, et par conséquent toutes les raisons possibles de se rapprocher du cabinet actuel ; du côté des whigs, peu d'espoir de trouver un terrain favorable et de faire converger vers un but commun les forces dispersées de l'opposition ; beaucoup de difficultés en outre pour former, même en se renfermant dans un cercle étroit, une administration bien vue du pays et de l'opinion libérale : tel est à mon sens, l'état actuel des partis parlementaires. J'ajoute que l'attitude d'OConnell et sa résolution de ne plus accéder à aucun compromis est pour les whigs, en supposant qu'il y tînt, un nouvel embarras, et un obstacle peut-être insurmontable. De tout cela je conclus que, selon toute apparence, à moins d'évènemens imprévus, sir Robert Peel, en 1846, sera encore premier ministre. Il est pourtant une chance en faveur de l'opposition, chance plus grande qu'elle ne le paraît d'abord : c'est que sir Robert Peel se lasse, et que de son plein gré il quitte le ministère. Des personnes graves qui l'ont vu l'hiver dernier, pendant la crise, disent qu'il s'en montrait, non pas inquiet, mais sérieusement affligé et blessé. Les placards qui couvraient les murs, les caricatures qui s'étalaient dans les boutiques, les articles de journaux et les discours qui se publiaient chaque jour, tout ce concert d'injures à sa personne, d'outrages à son caractère, l'irritait et lui inspirait un profond dégoût du pouvoir. Pas un parti qui le prît sous sa protection, pas un journal, si ce n'est le sien propre, qui le défendit, pas un homme public qui ne se crût en droit de le traiter d'apostat. Sûr comme il l'était de l'utilité de ses mesures, de la droiture de ses intentions ; un tel soulèvement devait le porter, non pas à reculer, mais à rejeter sur ceux qui l'attaquaient avec si peu de mesure le fardeau et les difficultés des affaires. Si d'ailleurs il souffrait de l'abandon et des attaques violentes d'une portion de ses amis, il souffrait presque autant de l'appui et des éloges souvent ironiques de ses ennemis. Ces éloges néanmoins, il fallait les subir aussi patiemment que les attaques, et sa fierté s'en indignait. Pourtant le soin de sa dignité personnelle et l'intérêt de son pays voulaient qu'il l'emportât. Aujourd'hui qu'il l'a emporté, il est, dit-on, décidé à ne plus soutenir une lutte semblable. Il est décidé à se retirer le jour où une portion notable de sa majorité le quitterait. Ce jour-là sans doute, sir Robert Peel croirait à son honneur et de son devoir de rendre à lord John Russell l'appui généreux qu'il a reçu de lui. Le parti whig alors recueillerait le fruit de sa bonne conduite et pourrait gouverner.

Quoi qu'il en soit, au milieu de nos misères et de nos petitesses, l'Angleterre nous donne un grand et noble spectacle. Pas plus qu'en France on n'y est insensible aux progrès matériels et au développement de la richesse ; pas plus qu'en France les intérêts privés n'y sont muets ou inactifs ; pas plus qu'en France la corruption, sous une forme ou sous l'autre, ne s'y arrête au seuil des collèges électoraux et même du parlement. A travers tout cela, il y a pourtant des idées morales qui agitent les esprits et qui remuent les cœurs, des intérêts généraux qui font oublier les intérêts personnels. Quelquefois ces idées sont bien étroites, ces intérêts bien mal entendus ; mais en face alors surgissent d'autres idées plus larges, d'autres intérêts mieux compris, lui s'emparent de toutes les intelligences élevées et qui finissent par triompher. Ce n'est point en Angleterre, d'ailleurs, qu'on verrait toutes les notions de justice et de liberté foulées aux avec mépris par ceux-là même dont elles ont fait la fortune ; ce n'est pas en Angleterre que la vie publique ne serait plus considérée que comme un moyen de faire ses affaires privées ; ce n'est pas en Angleterre enfin que la lassitude ou l'indifférence politique deviendrait la cause ou le prétexte des plus déplorables compromis, et que le besoin de s'enrichir ferait dédaigner la grandeur du pays. Aussi voyez, entre les hommes d'état de l'Angleterre, quelle noble rivalité ! voyez, dans le parlement et hors du parlement, quelles belles luttes ! Sir Robert Peel s'occupe-t-il de conserver, ou lord John Russell de gagner le pouvoir à tout prix ? Non : sir Robert Peel, pour accomplir des réformes qu'il croit utiles, s'expose à perdre la majorité ; lord John Russell, pour empêcher ces réformes d'échouer, prête une main secourable au ministère. Et quand il s'agit des affaires étrangères quel accord dans la pensée, lors même qu'il y a désaccord dans le langage ! Quel parti pris parmi les tories, parmi les whigs, comme parmi les radicaux, de défendre contre tous, au besoin même contre l'apathie populaire, l'honneur, la puissance, les grands intérêts de l'Angleterre !

A Dieu ne plaise que je veuille, par cette comparaison, déprécier mon pays ! A plusieurs égards, la France vaut mieux que l'Angleterre, et plus souvent s'est montrée dans le monde capable de sacrifices et de dévouement. Quant aux partis parlementaires, ce n'est pas la faute de l'opposition française si le ministère ne lui a jamais donné l'occasion d'imiter le désintéressement de lord John Russell ; encore avons-nous prouvé, dans deux ou trois circonstances, que, si on voulait bien nous mettre à l'épreuve, notre conduite serait la même. Il n'en est pas moins vrai que les intérêts personnels et égoïstes semblent en ce moment tenir une bien plus grande place en France qu'en Angleterre, et que dans ce pays, d'où jadis partait l'impulsion morale, les parties basses de la nature humaine ont pris un tel ascendant, qu'à peine songe-t-on à les cacher ou à les déguiser. Il n'en est pas moins vrai que le mal augmente chaque jour et qu'on ne sait plus comment en arrêter les progrès. Dans cette situation, il y a tout à la fois plaisir et chagrin à reconnaître qu'ailleurs il existe encore des opinions et des croyances ; il y a plaisir et chagrin à voir un grand peuple dont toutes les pensées ne se concentrent pas dans le désir du gain, et qui se propose quelquefois un autre but que celui d'augmenter son bien-être matériel. Pour qui croit au gouvernement représentatif, l'exemple actuel de l'Angleterre est d'ailleurs plein d'intérêt et d'instruction. La reine, on le sait, penchait en faveur des whigs et n'aimait pas sir Robert Peel. Qui pourtant a aperçu la main de la reine dans la dernière crise ? Qui a entendu parler de son action ou de son influence ? Ultra-protestans et protestans modérés ; anglicans, dissidens et catholiques, Anglais, Écossais et Irlandais ; radicaux, whigs et tories ; noblesse, classe moyenne et peuple, il n'est pas une secte religieuse, pas une fraction du territoire, pas un parti, pas une classe de la société qui n'ait pris part au mouvement : paisible et impassible, la couronne seule n'est pas descendue de la haute sphère où la place la constitution du pays. N'y a-t-il pas là, pour ceux qui en France livrent le présent sous prétexte qu'ils désespèrent de l'avenir, un enseignement profond et un reproche sévère ?

En définitive, sir Robert Peel n'est plus aujourd'hui ce qu'il était en 1842, le chef incontesté d'une majorité de cent voix, l'espoir unique d'un parti puissant qui venait de vaincre et que la victoire enivrait. Il est quelque chose de plus : le ministre qui, d'une main vigoureuse, a su briser d'absurdes préjugés et accomplir d'importantes réformes ; le ministre qui, sans oser encore en tirer toutes les conséquences, a proclamé deux grands principes, celui de la liberté commerciale et de la liberté religieuse ; le ministre qui, soit par ce qu'il a fait lui-même, soit par les engagemens qu'il a fait prendre à d'autres, a préparé, sinon consommé, l'incorporation véritable de l'Irlande et de l'Angleterre. Tout cela sans doute, il n'a pu le faire sans quelques contradictions personnelles, sans quelques déchiremens de parti ; mais les contradictions personnelles sont moindres qu'on ne l'a dit, et les déchiremens de parti remontent en réalité jusqu'à une époque éloignée. Sans méconnaître certains torts de sir Robert Peel, on peut donc l'en absoudre, et lui rendre dès aujourd'hui la justice que la postérité lui rendra. Ce n'est point un grand philosophe ; un grand littérateur, même un grand orateur ; c'est un homme d'état dont le bon sens est parfait, dont l'esprit est vigoureux et net, dont le caractère est ferme et persévérant, dont la parole est abondante et lucide. C'est un homme d'état dont la vue n'est peut-être pas très étendue, mais qui voit juste, qui n'a pas beaucoup d'idées à la fois, mais qui tient à celles qu'il a et qui les réalise hardiment. C'est d'ailleurs un homme d'état qui aime sa patrie plus que le ministère, et qui se croirait déshonoré, si par sa faute il la laissait à ses successeurs moins grande et moins puissante qu'il ne l'a reçu. Quand on a de tels sentimens, de telles qualités, on peut tomber dans les combats parlementaires. On tombe du moins avec la conscience d'avoir fait son devoir, et avec la certitude d'occuper une belle place dans l'histoire de son pays.

P. DUVERGIER DE HAURANNE.

Notes

1. Voyez du Royaume-Uni et du Ministère Peel en 1843, n° du 15 décembre.

2. Jack Cade est le chef d'une insurrection populaire, presque communiste, qui eut lien en 1450, sous le roi Henri VI, et qui fut un moment maîtresse de la ville de Londres.

3. Les érastiens, ainsi nommés du nom d'Erastus, théologien allemand du XVIe siècle, sont une secte religieuse qui joua un assez grand rôle en Angleterre vers 1647. Cette secte soutenait que l'église n'avait aucun pouvoir qui lui fût propre, et que, pour sa forme comme pour sa discipline, elle était purement et simplement créaature et sujette du magistrat civil.

4. Pour bien comprendre cette plaisanterie, il faut se rappeler qu'en Irlande les propriétaires et les paysans sont exploités par des fermiers généraux nommés middlemen. Il faut se rappeler aussi quO'Connell demande pour les petits fermiers irlandais la fixité de tenure.

5. On sait que c'est au club des volontaires de 1782 que l'Irlande dut alors en très grande partie son indépendance parlementaire.

6. Voyez la Revue du 15 décembre 1843. — Si l'on veut connaître à fond l'organisation et les idées de la ligue, il faut lire un intéressant ouvrage publié par M. Frédéric Bastiat. Comme tous les hommes qu'une seule idée préoccupe, M. Bastiat reproche à la presse française de garder un silence systématique sur la ligue, et comprend peu qu'en présence de cette grande campagne en faveur de la liberté commerciale, on s'occupe encore de l'agitation irlandaise ou des querelles internationales. Puis, dans l'impossibilité où il est d'expliquer un fait, si singulier à ses yeux, M. Bastiat s'en prend à je ne sais quelle coalition de l'esprit de monopôle et de l'esprit de parti. Il suffit, je pense, de répondre à M. Bastiat que la presse française a très souvent cité les travaux le la ligue, et que la question de la liberté commerciale, tout importante qu'elle est, n'est pas la seule dans le monde. Malgré cette légère erreur, le livre le M. Bastiat mérite à tous égards d'être lu, et l'on doit désirer que l'auteur continue à tenir la France au courant d'un mouvement aussi considérable que curieux.

7. Ces pages étaient écrites quand la mort héroïque de quatre cents Français en Algérie est venue provoquer, en Angleterre, l'explosion d'une joie sauvage. A cette triste manifestation, aucun parti, malheureusement, n'est resté tout-à-fait étranger. Cependant il est juste de reconnaître que le langage du Morning Chronicle, organe des whigs, et du Sun, organe des radicaux modérés, a été comparativement convenable. Les journaux tories au contraire, le Times, le Herald, le Post, et le journal des méthodistes wesléiens, le Globe, ont dépassé toute mesure. Quoi qu'il en soit, il y a dans un tel fait une réponse terrible, accablante, ceux qui, dans le bon accueil fait l'an dernier au roi des Français, prétendaient voir la preuve d'une réconciliation sincère entre les deux pays. Que ce fait ne nous rende pas injustes envers l'Angleterre mais qu'il nous rende justes envers nous-mêmes, et qu'il nous éclaire sur le véritable état les choses. En 1840, il s'est trouvé à Paris des écrivains, des députés, les ministres, pour soutenir, avec lord Palmerston, que l'Angleterre avait raison contre la France, et qu'elle avait atteint, si ce n'est dépassé, la dernière limite des concessions. Depuis 1840, il se trouve des ministres, des écrivains, des députés, pour répéter que, si de bons rapports ne se rétablissent pas entre les deux peuples, il faut s'en prendre au langage violent et haineux de l'opposition française. Qu'en disent-ils maintenant ? La leçon est-elle suffisante, ou bien sera-t-elle, comme tant d'autres, oubliée au bout d'un mois ou deux ?

www.ingramcontent.com/pod-product-compliance
Lightning Source LLC
Chambersburg PA
CBHW071216280526
45787CB00002B/704